Kann ich mich nur von Cola ernähren?

Kann ich mich nur von Cola ernähren?

Das unglaublich schräge Wissensbuch

COPPENRATH

5 4 3 2 1 13 12 11 10 09

ISBN 978-3-8157-8925-4

Text: Guy Campbell
Illustrationen: Paul Moran; Leo Broadley (S. 100/101)
Herausgeber: Philippa Wingate
Beratung: Malcolm Dixon

Published by arrangement with Michael O'Mara Books Limited
Veröffentlicht mit Genehmigung von Michael O'Mara Books Limited

Übersetzung und Producing der deutschen Ausgabe:
Verlagsbüro Michael Holtmann, Bayreuth

Printed in Italy

www.coppenrath.de

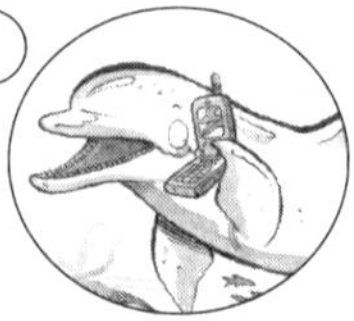

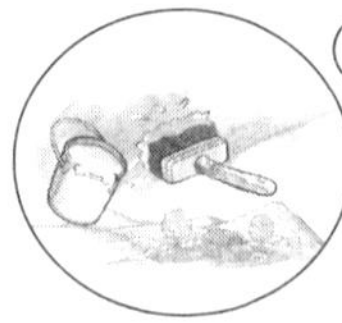

108 Wer kann besser
Auto fahren –
Männer oder Frauen?

110 Wer ist der Weltmeister
im Stinken?

113 Von welchem
Nahrungsmittel könnte
ich mich ausschließlich
ernähren?

117 Welches ist
das gefährlichste Tier
der Welt?

119 Was ist
lustig?

122 Warum können Fliegen
kopfüber
an der Decke laufen?

124 Welches ist
das älteste Tier
der Welt?

Würden meine Augäpfel rausfliegen, wenn ich mit offenen Augen niese?

Wahrscheinlich kennst du die Schauergeschichten, dass dir die Augäpfel rausfliegen, wenn du mit offenen Augen niest, oder dass dir das Trommelfell platzt. Aber stimmt das denn überhaupt?

Niesen ist eine heftige körperliche Reaktion, die nicht unterdrückt werden sollte. Wenn du niest, wird Luft mit einer Geschwindigkeit von 165 km/h aus deiner Nase herausgeschleudert. Falls du nun die Lippen zusammenbeißt und die Nase zukneifst, um das Niesen zu unterdrücken, leitest du die ganze Luft mit hoher Geschwindigkeit in die sogenannte Eustachische Röhre, die Verbindung zwischen deinem Mittelohr und deinem Nasenrachen. Im schlimmsten Fall kann dir dabei das Trommelfell platzen, was äußerst schmerzhaft ist und bis zur Taubheit führen kann. Außerdem leitet ein Niesen Keime, Pollen oder Staub nach außen, die dein Körper loswerden möchte. Sie können ins Mittelohr gelangen und dort eine Entzündung hervorrufen.

Beim Niesen schließen sich automatisch deine Augen. Das nennt man einen Reflex, da es ja nicht von deinem

Willen beeinflusst ist. Durch diesen Reflex soll verhindert werden, dass sich deine Augen zu sehr nach außen wölben. Außerdem sollen sie vor den Schmutzpartikeln geschützt werden. Ein weiterer Grund, warum sich deine Augen beim Niesen schließen, liegt darin, dass sich deine Gesichtsmuskeln in Erwartung des heftigen Luftausstoßes anspannen.

Einige Leute haben trainiert, die Augen beim Niesen offen zu halten – und siehe da: Die Augen fallen ihnen nicht aus! Man fragt sich nur, warum jemand so etwas Schwieriges trainiert. Eine Antwort wäre: Wer im Auto mit 115 km/h unterwegs ist, fährt beim Niesen mit geschlossenen Augen eine Strecke von 90 Metern „im Dunkeln". Ganz schön gefährlich, nicht wahr?

Warum hat ein Elefant ein Gedächtnis wie ein Elefant?

Für ein gutes Gedächtnis braucht man ein großes Gehirn und ganz viel Erfahrung. Ein erwachsener Elefant erfüllt all diese Voraussetzungen.

Elefanten besitzen das größte Gehirn aller an Land lebenden Tiere. Das Gehirn eines erwachsenen Elefantenmännchens wiegt etwa 5 Kilogramm. Zum Vergleich: Das Gehirn eines erwachsenen Mannes hat ein Gewicht von etwa 1,4 Kilogramm, das einer Katze wiegt nur 30 Gramm. Was die Erfahrung angeht, kann ein Elefant das reife Alter von 70 Jahren erreichen. Genug Zeit also, um jede Menge wichtiger Informationen aufzunehmen.

Die Elefanten nutzen ihr gutes Gedächtnis ganz gezielt zum Überleben. Da sie so riesige Tiere sind, brauchen sie Unmengen an Futter und Wasser. Zu bestimmten Zeiten müssen sie sich daran erinnern können, wo sie Vorräte an Wasser und Nahrung finden. Um dorthin zu gelangen, nutzen die Elefanten sogenannte „Pfade“. Denen folgen die Herden über mehrere Generationen. In den 1950er-Jahren baute man in Indien ein Haus direkt auf einen solchen Elefantenpfad. Das Ergebnis: Jahr für Jahr mussten dessen Bewohner Dutzende Elefanten davon abhalten, quer durch das Haus zu laufen. Und eines Tages passierte es dann doch: Ein Elefant riss das ganze Haus ein, weil er unbedingt auf seinem gewohnten Pfad laufen wollte.

In einer Elefantenherde leben hauptsächlich Weibchen. Die Männchen sind eher Einzelgänger. Für die Sicherheit der Herde ist es wichtig, dass die älteren Weibchen diese Männchen nicht ganz aus den Augen verlieren. Die Männchen können sich sonst nicht mit ihnen paaren, für Nachwuchs sorgen und schließlich die Kleinen auch vor möglichen Gefahren schützen. Forscher haben herausgefunden, dass sich Elefanten an ganz bestimmte Menschen erinnern können. Selbst wenn sie jemanden über Jahrzehnte nicht mehr gesehen haben, erkennen sie ihn – an seinem Äußeren oder an seinem Geruch.

Genauso ist aber erwiesen, dass Elefanten gegen einzelne Menschen einen ziemlichen Groll hegen können. Im Jahr 1929 tötete ein Elefant namens Black Diamond aus einem Wanderzirkus eine Frau in Texas, USA. Nachforschungen ergaben, dass im Jahr zuvor der Zirkus ebenfalls in dieser Stadt gewesen war. Die Frau hatte den Trainer von Black Diamond dazu überredet, den Zirkus zu verlassen und bei ihr zu bleiben. Augenscheinlich hat der Elefant das weder vergessen, noch hat er es ihr verziehen …

Wissenschaftler haben festgestellt, dass Elefanten wegen ihres hervorragenden Gedächtnisses lange Zeit an einem Kindheitstrauma leiden können, also unter einem negativen Erlebnis, das sie als Kind hatten. Dadurch kann sich sogar ihre Persönlichkeit verändern. Sie werden dann zu regelrechten „jugendlichen Straftätern“. So töteten in Uganda, Afrika, in den 1980er-Jahren Wilderer viele Elefanten wegen ihrer wertvollen Elfenbeinstoßzähne. Die überlebenden Elefanten griffen dann immer wieder Autofahrer in der Gegend an und stürmten in wütenden Attacken Dörfer und Städte im Umkreis. Die Experten führten dieses Verhalten auf das Trauma der Elefanten durch die Wildererattacken zurück.

Warum kann ich nicht richtig schmecken, wenn ich mir die Nase zuhalte?

Bei unserer Geburt haben wir etwa 10 000 Geschmacksknospen im Mund. Die meisten von ihnen befinden sich auf der Zunge. Sie können süßen, herzhaften, sauren, bitteren und salzigen Geschmack identifizieren.

Jede dieser Geschmacksknospen in der Zunge enthält sehr empfindliche, mikroskopisch kleine, haarfeine Fäden. Sie untersuchen genau, was man isst, und senden entsprechende Nachrichten an das Gehirn. Das kann lebenswichtig sein, wenn sie einen auf verdorbene oder vergiftete Nahrung hinweisen, bevor man sie herunterschluckt.

Um aber Speisen zu identifizieren, deren Geschmack besonders vielschichtig ist, wie bei Nüssen, Rosinenschokolade oder Pizza Peperoni, braucht der Körper mehr Informationen, als die Fäden in der Zunge bereitstellen können. Hier kommt unsere Nase ins Spiel: Wenn du eine Thunfischpizza mit Käse und Tomaten isst, riechst du nämlich genauso viel wie du schmeckst.

Dabei ist es gar nicht die Nase allein, die dir Informationen zum Geschmack liefert. Auch in deinem Rachen und sogar auf deinen Augen sitzen Rezeptoren, die für dich Informationen sammeln. Das glaubst du nicht? Kleiner Tipp: Schäl einmal eine Zwiebel und schau, wie schnell deine Augen anfangen zu tränen!

Wenn du dir die Nase zuhältst, verhinderst du die Luftzufuhr zu einigen dieser Rezeptoren. Die Luft transportiert all die Geschmacksinformationen, aus denen sich die komplizierte Beschreibung dessen zusammensetzt, was du gerade isst. Auf diese Weise ist das „Essensbild", das so entsteht, recht undeutlich. Mit zugehaltener Nase kannst du vielleicht noch sagen, ob etwas bitter, süß, herzhaft, salzig oder sauer ist. Darüber hinausgehende Informationen werden nicht an dein Gehirn gelangen.

Kneif dir einmal die Nase zu und versuch dann, den Geschmacksunterschied zwischen einem Apfel und einer Birne zu beschreiben. Du wirst dich äußerst schwertun! Und die tolle Thunfischpizza mit Käse und Tomaten wird schmecken wie eine warme weiche Fußmatte!

Landen Katzen wirklich immer auf ihren Füßen?

Katzen, die stürzen, sind unglaublich geschickt darin, ihre Stellung so zu korrigieren, dass sie mit den Füßen zuerst auf dem Boden landen. Vielleicht liegt es ja daran, dass man sagt, eine Katze hat neun Leben.

Aber ist es wirklich verwunderlich, dass Katzen immer richtig aufkommen, wo sie doch so behände sind? Eine Katze ist nun mal ein Raubtier, und deshalb kann sie hervorragend auf Bäume klettern. Sie hat gebogene Krallen, die nicht nur ausgezeichnete Waffen sind, sondern ihr auch gute Dienste leisten beim Ergreifen von Gegenständen, beim Klettern, Laufen und bei schnellen Richtungswechseln. All diese Bewegungen macht die Katze, wenn sie auf der Jagd nach Nahrung ist: Dabei ist es ihr egal, ob es sich nun um einen Vogel, eine Maus oder sonst etwas Leckeres handelt, das noch versucht, Reißaus zu nehmen. Eine Katze ist so sehr auf ihre Beute konzentriert, dass sie manchmal aus Versehen einen Purzelbaum schlägt, in ein Loch plumpst oder sogar vom Baum fällt. Dann leisten ihre Krallen gute Dienste: Sie finden Halt an den Zweigen, durch die die Katze saust, und stoppen ihren Fall.

Eine Katze, die im zehnten Stock eines Mietshauses wohnt, kann leicht einmal abgelenkt werden, wenn sie eine Motte oder eine Fliege jagt, und dann über die Balkonbrüstung fallen. Leider bestehen die Außenwände moderner Gebäude, anders als Bäume, aus glatten Materialien wie Beton und Glas. Da ist es dann für die Katze sehr viel schwerer, Halt zu finden und den Fall zu stoppen.

Ist das nun das Ende für die Katze? Nicht unbedingt. Tierärzte in New York haben festgestellt, dass Katzen, die von Hochhäusern fallen, eine bemerkenswert hohe Überlebensquote haben. Und besonders merkwürdig: Die Chancen für die Katze verbessern sich, wenn sie aus einer größeren Höhe als dem sechsten Stockwerk fällt.

Woran liegt das nur? Nun, es liegt daran, dass die Katze sich beim Fallen in eine Position dreht, bei der ihre Füße nach unten zeigen und die Beine weit auseinandergestellt sind. Hat sie diese Stellung erreicht, funktioniert ihr Körper ein wenig wie ein Fallschirm. Ihre Geschwindigkeit nimmt nicht mehr zu, sie entkrampft und kann sich so auf den Aufprall bei der Landung vorbereiten. Im Schnitt braucht eine Katze, die fällt, etwa einen Meter, um sich in die richtige Körperposition zu bringen. Ist die Fallhöhe mehr als ein Meter, landet die Katze oft auf den Füßen. So kann es passieren, dass eine Katze, die nur um ein Stockwerk nach unten stürzt, nicht mehr die Zeit findet, sich richtig zu drehen. Dagegen hat eine Katze, die aus dem sechsten Stock fällt, genug Zeit dafür, sich in die richtige Position zu bringen.

Nachweislich haben Katzen Stürze aus dem 40. Stock und höher überlebt. Durch den Fallschirmeffekt erreichen sie eine Höchstgeschwindigkeit von etwa 95 km/h – nur etwa die Hälfte der Geschwindigkeit, die ein menschlicher Körper erreicht, der aus derselben Höhe nach unten fällt.

Das heißt nun nicht, dass jede Katze einen Sturz aus dem 40. Stock überlebt. Gewiss nicht. Aber durch ihre Instinkte, und weil sie so behände sind, haben die Katzen doch recht gute Überlebenschancen bei einem solchen Sturz.

Was würde passieren, wenn alles Eis der Erde schmilzt?

Zur Zeit bestehen 65 bis 70 Prozent der weltweiten Trinkwasserreserven aus Eis in Gletschern und riesigen Eisbergen. Was von diesem Eis abschmilzt, fließt als Wasser in die Meere und Ozeane. Aber was würde passieren, wenn alles Eis der Erde schmilzt?

Die überwiegende Mehrheit der Wissenschaftler geht davon aus, dass die Erde sich erwärmt. Die meisten Wissenschaftler machen die vom Menschen verur-

sachte Umweltverschmutzung für die zunehmende Geschwindigkeit der Erderwärmung verantwortlich. Gletscher und Eisberge schmelzen immer weiter ab. In den nächsten 100 Jahren werden wohl in den Gebirgen alle Gletscher verschwinden. Das ist eine unmittelbare Bedrohung, vor allem für die Menschen und Tiere, die dort leben, weil es Überschwemmungen geben wird und durch das Abschmelzen der Gletscher die Trinkwasservorräte verloren gehen. Der Meeresspiegel der Ozeane wird etwa einen halben Meter ansteigen.

In der Arktis (um den Nordpol) und in der Antarktis (um den Südpol) gibt es gewaltige Mengen an Eis. Die Arktis ist kein Kontinent, sondern ein riesiges Eismeer. Wissenschaftler haben errechnet, dass ein Anstieg der Wassertemperatur um 2 °C ausreichen würde, um einen Großteil der Eisdecke der Arktis abschmelzen zu

lassen. Sie sagen voraus, dass in 60 Jahren während der warmen Sommermonate alles Eis über dem Nordpol wegtauen wird. Davon wäre alles Mögliche betroffen, von den Meereslebewesen bis hin zum weltweiten Klima. Trotzdem würde es nicht dazu führen, dass die Kontinente überflutet werden. Wenn man sich das Eis der Arktis vorstellt als Eiswürfel in einem Trinkglas, dann bliebe der Wasserspiegel im Glas unverändert, wenn diese Eiswürfel schmelzen. Und so bliebe auch der Meeresspiegel praktisch unverändert, wenn sich das Eis der Arktis zu Wasser verwandelt.

Der Südpol liegt auf dem Kontinent Antarktika. Auf dessen Erdboden türmen sich gewaltige Eisschichten, weit über die Höhe des Meeresspiegels hinaus. Würde das Eis von Antarktika schmelzen, ergösse sich das so entstandene Wasser über das Land, um dann ins Meer zu fließen. Dadurch käme es weltweit zu einem Anstieg des Meeresspiegels, und zwar bis zu 60 Meter. Auf der ganzen Erde würden weite Regionen des Festlandes im Wasser versinken und mit ihnen fast alle großen Städte.

Zum Glück befindet sich das Eis der Antarktis in ziemlicher Höhe, sodass es von den steigenden Temperaturen des Meeres nicht sofort angegriffen werden wird. Dazu wäre ein noch größerer Temperaturanstieg – um fast 10 °C – nötig. Die Experten sind sich heute einig, dass das Eis der Antarktis noch für Zehntausende von Jahren Bestand haben wird.

Die riesigen Eisschilde, die die Insel Grönland bedecken, könnten dagegen sehr viel schneller schmelzen. Jedes Jahr verwandeln sich dort 200 Kubikkilometer Eis in Wasser. Das ist ein Würfel mit einer Seitenlänge von 200 Kilometern mal 200 Kilometer mal 200 Kilometer! Wenn alles Eis auf Grönland abschmelzen würde, käme es zu einem Anstieg des Meeresspiegels um etwa sieben Meter. Das würde den Untergang niedriggelegener Küstenregionen bedeuten und damit das Ende von Städten wie London, Amsterdam, New York, Miami, New Orleans, Sydney, Bombay, Tokio und Rio de Janeiro, um nur einige zu nennen.

Aber es gibt trotzdem wohl keinen Grund zur Panik: Man hat Hinweise darauf gefunden, dass in einigen Bereichen Grönlands die Eisschilde zwar schmelzen, dass sie dafür aber in anderen Regionen der Insel sogar massiver werden.

Wieso rennt ein Huhn ohne Kopf noch weiter?

Hat schon mal jemand zu dir gesagt, dass du rumläufst wie ein kopfloses Huhn – also viel Krach machst, aber nichts zustande bringst? Kann denn ein Huhn überhaupt ohne Kopf noch weiterrennen?

Manche Insekten wie die zähen Kakerlaken leben auch ohne Kopf noch wochenlang und kommen dabei ganz ohne Futter aus. Bei den Hühnern ist das nicht so. Die meisten Hühner, denen der Kopf abgetrennt wird, sterben ganz einfach.

Deshalb ist Mike, der Kopflose Hahn, so außergewöhnlich. Im Jahr 1945 hatte Mike in Fruita, Colorado, USA, eine „Verabredung mit dem Kochtopf". Ein gewisser Lloyd Olsen machte sich daran, Mike mit der Axt ins Jenseits zu befördern, und freute sich schon auf Hühnerfleisch mit Kartoffeln und Soße.

Aber es kam ganz anders: Als Mike dann wirklich starb, hatte er 18 Monate ohne Kopf weitergelebt – war die Hühnerleiter auf- und abgelaufen, hatte auf der Stange gesessen, und das alles „völlig kopflos". Augenscheinlich hatte Lloyd nicht ganz so gute Arbeit geleistet. Er ließ

beim armen Mike einen ziemlichen Teil vom Hirnstamm stehen (das ist der Teil des Gehirns, der hinunter zum Hals verläuft und es mit der Wirbelsäule verbindet). Deshalb konnte Mike fast so weitermachen, als ob nichts passiert wäre.

Viele dachten, die Geschichte vom kopflosen Mike sei eine „Ente", also frei erfunden. Deshalb brachte Lloyd seinen Hahn zur Universität von Utah, wo er „auf Herz und Nieren" untersucht wurde. Ergebnis: Mike war kopflos, aber glücklich. Lloyd fütterte Mike durch das Loch am Hals mit Milch und Getreidekörnern, die er ihm über eine Pipette einflößte. Auf dem Höhepunkt seiner Berühmtheit verdiente Lloyd mit Mike etwa 5000 Dollar im Monat, nur dafür, dass er ihn zahlenden Zuschauern vorführte.

Und wenn dir demnächst wieder jemand sagt, dass du wie ein kopfloses Huhn herumrennst: Dann nimms leicht und denk an Mike!

Warum kann ich mich nicht selbst kitzeln?

Wenn sich jemand von hinten an dich heranschleicht und zupackt, dann wirst du wahrscheinlich zusammenzucken oder hochspringen. Das liegt daran, dass du überrascht worden bist und ein bestimmter Bereich in deinem Gehirn, das Kleinhirn (lateinisch: Cerebellum), dich nicht mehr warnen konnte.

Eine der vielen Aufgaben, die dein Kleinhirn erledigt, ist es, dir anzukündigen, dass dich demnächst etwas

berühren wird. Wenn du nun versuchst, dich selbst zu kitzeln, egal wie „überraschend“ du das machst – du wirst bestimmt nicht hochschrecken! Dein Gehirn weiß einfach ganz genau, wo deine Hand ist, und was sie gerade macht. Es kann auf diese Weise vorausahnen, dass gleich eine Berührung kommt.

Deshalb kannst du dich nicht selbst kitzeln. Denn dieses komische Gefühl, das man beim Kitzeln hat, kommt ja daher, dass man einfach nicht weiß, wann und wo man nun wirklich gekitzelt wird!

Wissenschaftler haben Forschungen über das Kitzeln angestellt. Dazu haben sie Roboter programmiert, die die Bewegung einer menschlichen Hand ganz genau und zeitgleich nachmachen konnten. War nun eine Person an den Roboter angeschlossen und bewegte sie ihre Hand nach vorne, dann bewegte der Roboter seine Hand genauso nach vorne, und zwar mit genau derselben Bewegung in exakt derselben Zeit. Die Tests haben ergeben, dass es mit dem Kitzeln nicht klappte, wenn die Versuchsperson sich selbst kitzelte, und der Roboter mit ihr das zu genau derselben Zeit auch machte. Gab es aber nur eine ganz kleine Verzögerung zwischen der Bewegung der Testperson und der des Roboters, dann klappte es mit dem Kitzeln!

Nur – kann man dazu eigentlich noch „selbst kitzeln“ sagen? Das sollte jeder für sich entscheiden.

Warum hüpfen die Kängurus?

In den trockenen Regionen Australiens müssen die Kängurus auf der Suche nach Futter und Wasser oft große Entfernungen zurücklegen. Bei einer derart langen Wegstrecke ist es wichtig, dass sie so wenig Energie wie möglich verbrauchen – und deshalb hüpfen die Kängurus.

Für Menschen ist das nicht gerade die beste Art, sich fortzubewegen, aber Kängurus spielen in einer ganz anderen Liga, was das Hüpfen angeht. Wenn es nach einem Hüpfer landet, sammelt sich Energie in den star-

ken, sehr dehnbaren Sehnen, die das Känguru in seinen Hinterbeinen und seinem Schwanz hat. Die Sehnen wirken wie Stahlfedern und geben die Energie wieder ab, wenn das Känguru zu seinem nächsten Hüpfer ansetzt.

Das Hüpfen bringt den Kängurus auch noch einen anderen Vorteil. Die Bewegungen ihrer Organe im Körperinneren helfen ihnen beim Atmen. Bei jedem Satz wird viel Luft in die Lunge gedrückt, und dann wieder heraus. So verbraucht das Känguru, wenn es mit Höchstgeschwindigkeit hüpft, weniger Energie zum Atmen, als wenn es still stehen würde.

Wissenschaftler haben Kängurus für Tests auf Laufbänder gestellt. Dabei fanden sie heraus, dass Kängurus auf kurzen Distanzen eine Geschwindigkeit von 40 km/h erreichen können. Bei voller Beschleunigung erreichen sie bis zu 70 km/h – so viel wie ein Rennpferd!

Wenn sie nun beschleunigen wollen, dann erhöhen die Kängurus nicht die Anzahl ihrer Hüpfer pro Minute – sie machen stattdessen einfach größere Sätze. Bei voller Geschwindigkeit kann ein Känguru mit einem Hüpfer neun Meter zurücklegen. Es soll sogar ein Känguru gegeben haben, das 13 Meter schaffte. Einen Beweis dafür gibt es aber nicht.

Die Tests der Wissenschaftler haben ergeben, dass die Methode der Kängurus unglaublich wirkungsvoll ist, ihre Geschwindigkeit dadurch zu erhöhen, dass sie weitere Sätze machen. Denn so verbrauchen sie nur einen Bruchteil der Energie, die andere Tiere benötigen, wenn sie vom Traben in den Sprint wechseln.

Kängurus haben nur wenige natürliche Feinde, und durch das Hüpfen machen sie es ihren Verfolgern nur noch schwerer: Es ist nämlich ganz schön schwierig, etwas zu fangen, das sich die meiste Zeit in der Luft befindet und sogar einen Felsblock oder einen Bach mit einem einzigen Satz überwinden kann.

Wie lange würde ich überleben, wenn ich mich selbst aufesse?

Stell dir vor, du bist auf einer einsamen Insel gestrandet, auf der es keine Nahrung gibt. Könntest du dann – ein gruseliger Gedanke – überleben bis zum Eintreffen deiner Retter, wenn du dir ein Bein abhackst und es verspeist? Kein sehr angenehmes Thema, allerdings kennt man verschiedene Tierarten wie Insekten, Mäuse und Haie, die Teile ihres

eigenen Körpers verspeisen, bevor sie verhungern müssen.

Wäre das für einen Menschen eine gute Idee? Archäologen haben Hinweise darauf gefunden, dass es vor 100 000 Jahren Menschen gab, die sich gegenseitig aufgegessen haben. Manche Experten glauben auch, dass diese schaurige Gepflogenheit sehr verbreitet war. Dafür könnte sprechen, dass der Verzehr menschlichen Fleisches weder giftig noch tödlich ist.

Aber, nun ja, sich selbst aufessen? Da gibt es wohl zunächst einmal ein paar praktische Probleme, wenn man sich ein Bein abhacken will, um es dann zu verzehren. Das größte Problem wird sein: Das Bein ist fort, und das für immer! Dazu kommt, dass man durch den bloßen Schock und die Schmerzen der Amputation sterben kann. Überlebt man, müsste der Körper für die Wundheilung besonders viel Energie aufbringen. Die würde in etwa der Menge entsprechen, die man sich durch den Verzehr des Beines zuführt.

Nun könnte man auf die Idee kommen, lieber diejenigen Teile des Körpers zu verzehren, die man irgendwie entbehren kann und die wieder nachwachsen, wie zum Beispiel Haare oder Fingernägel. Der Haken an der Sache: Bei diesem Speiseplan käme nur Nahrung mit sehr wenig Energie „auf den Tisch“. Auch wer zusätzlich noch die Haut um die Fingernägel abknabbert, könnte davon nicht leben.

Und wie wäre es mit dem eigenen Blut? Ein kleiner Ritzer in den Arm tut ja nicht weh! Man kennt die Geschichten von Blut trinkenden Vampiren, und außerdem gibt es Nahrungsmittel wie Blutwurst, die aus tierischem Blut hergestellt sind. Das Problem ist nur, dass Blut sehr salzig ist und man dehydriert (Wasser verliert), wenn man es trinkt. In einer Extremsituation ist das Trinken viel wichtiger als das Essen. Man kann wochenlang ohne feste Nahrung überleben, aber nur wenige Tage ohne Wasser.

Das liegt daran, dass nach ein paar Tagen ohne Nahrung der Körper damit beginnt, „sich selbst zu verzehren“. Er wird sozusagen sein eigener Kraftstofflieferant. Zunächst verbrennt der Körper alle Fettreserven, dann geht er an die Muskelmasse. Wenn es denn schon sein muss, dann ist das wohl der sinnvollere Weg, „sich selbst aufzuessen“ – zumal man dadurch nicht seine Beine in Mitleidenschaft zieht. Auf denen kann man weiter herumlaufen und nach dem nächsten Supermarkt Ausschau halten …

Wann hört die Sonne auf zu scheinen?

Die Sonne versorgt unsere Erde mit Licht und Wärme. Ohne sie gäbe es auf unserem Heimatplaneten weder Pflanzen noch Tiere noch Menschen.

Die Sonne ist ein riesiger, aus Gas bestehender Ball. Sie strahlt eine unglaubliche Menge an Licht und Hitze aus. Diese Energie wird freigesetzt, wenn immer mehrere Wasserstoffatomkerne zu einem Heliumatomkern verschmelzen. Diesen Vorgang nennt man Kernfusion. Dabei wird dermaßen viel Energie frei, dass Wissenschaftler Kraftwerke planen, die nach demselben Prinzip funktionieren sollen.

Die Sonne ist etwa fünf Milliarden Jahre alt. Da sie den Wasserstoff verbraucht, den sie enthält, wird sie immer größer und heller. Durch dieses Anwachsen wird sie einst den Mars zerstören. Andere Planeten wie die Erde wird sie in ausgebrannte Felsklumpen verwandeln.

Aber wie lange wird das dauern? Die Sonne enthält noch genügend Wasserstoffgas, um weitere fünf Milliarden Jahre zu scheinen. In etwa einer Milliarde Jahren wird unsere Erde kein lebenswerter Ort mehr sein. Ein Trost: Wir werden es alle nicht erleben!

Warum reiten wir nicht auf Zebras?

Seit Jahrhunderten haben die Menschen versucht, Zebras zu zähmen und sie zu reiten. Es gibt viele Beispiele dafür, dass Zebras dazu abgerichtet wurden, Wagen zu ziehen, über Zäune zu springen oder eben als Reittiere zu dienen. Die Antwort auf unsere Frage: „Warum reiten wir nicht auf Zebras?“ lautet aber ganz einfach: „Weil wir es nicht mögen!“

Vom Körperbau her unterscheiden sich die Zebras sehr von den Pferden. Ihr Rücken eignet sich kaum dazu, einen Sattel zu tragen. Ihr Hals ist kräftig, aber sehr

steif. Auch haben sie ein ganz anderes Temperament als Pferde. Sie sind sehr schreckhaft, gar nicht folgsam und zuweilen ziemlich gereizt, bis hin zur Gewalttätigkeit. Im 19. Jahrhundert war es Mode, Zebras als Zugtiere für Kutschen und Wagen zu benutzen. Für sie sprach die Tatsache, dass sie nicht wie Pferde und Maultiere an Krankheiten wie der Tierseuche Nagana litten, die durch die Tsetsefliege übertragen wird. Gegen sie sprach, dass sie nicht die Kraft und die Kondition von Maultieren besaßen. Und auch wenn es recht einfach war, ihnen ein Geschirr anzulegen, brauchte ihre Abrichtung doch erheblich länger als bei Pferden und Maultieren.

Es gab erfolgreiche Versuche, Zebras mit Pferden oder Eseln zu kreuzen. Die Ergebnisse dieser Kreuzungen heißen Zorses (aus dem Englischen für „horses“: Pferde) und Zonkeys (aus dem Englischen für „donkeys“: Esel). Diese Tiere waren gesund, sie brachten aber beim Einsatz als Arbeitstiere keinen größeren Nutzen als normale Pferde und Esel.

Ist ein Zebra schneller als ein Pferd? Nun, ein Zebra kann auf kurzen Strecken eine Höchstgeschwindigkeit von 55 km/h erreichen, wenn es zum Beispiel vor einem Löwen flieht. Zebras sind sehr geschickt darin, in voller Geschwindigkeit die Richtung zu wechseln. Über eine längere Strecke nur geradeaus würde aber das Pferd wohl gewinnen.

Warum ist Gähnen so ansteckend?

Das wird dir sicherlich auch schon einmal passiert sein: 5. Stunde, Geschichte, draußen regnet es – da fängt einer an zu gähnen. Und siehe da, ehe man sich versieht, ist die ganze Klasse am Gähnen. Woran liegt das nur?

Das Problem beim Beantworten dieser Frage besteht darin, dass niemand ganz genau weiß, wie das Gähnen eigentlich abläuft. Die eine Theorie besagt, dass man

gähnt, um sich selbst aufzuwecken und munterer zu werden. Dir wird aufgefallen sein, dass du besonders viel gähnst, wenn du müde bist (oder eben gelangweilt von nicht enden wollenden Geschichtsstunden). Gähnen und Sich-Strecken steigern den Blutdruck und die Pulsfrequenz, wodurch man wacher wird. Wenn dein Gehirn dir meldet, dass du dich benommen fühlst, weil nicht genug Sauerstoff in deinem Blut ist – auch dann ist das Gähnen eine sinnvolle Aktion, denn dadurch führst du dir eine große Ladung frische Luft zu.

Wenn das alles so stimmt, müsste das Gähnen eine sehr wirkungsvolle Überlebenstechnik sein. Denn jemand, der kurz vor dem Einschafen ist, wird für den Eisbären eine leichtere Beute sein als derjenige, der frisch und munter ist. Das wiederum könnte erklären, warum Gähnen so ansteckend ist: Wenn du siehst, dass die Leute in deiner Nähe mit dem Gähnen anfangen, könnte dir dein Unterbewusstsein sagen, dass sie sich darauf vorbereiten, eine Gefahr abzuwehren (den Eisbären). Da machst du dann gleich mit – sicher ist sicher.

Wusstest du, dass Gähnen auch für Tiere ansteckend ist? Kleiner Test: Stell dich vor deine Katze hin, gähne, und sie wird sich wahrscheinlich von dir „anstecken" lassen. In der Tat, Gähnen ist so ansteckend, dass man nur an das Wort „gähnen" zu denken oder es zu lesen braucht – und schon tut man es!

Kommt dir doch bekannt vor, oder?

Was soll ich machen, wenn ich auf einer einsamen Insel strande?

Die naheliegendste Antwort auf diese Frage ist wohl: „Sieh zu, dass du gerettet wirst!“ Das kann allerdings Monate dauern. Sicher gibt es einige Dinge, die man tun kann, um eine Rettung wahrscheinlicher werden zu lassen. Zunächst einmal hat man aber nur ein einziges Problem: Man muss am Leben bleiben. Es nutzt ja nichts, dass man als Skelett am Strand liegt, wenn der Rettungshubschrauber endlich kommt.

Überlebenswichtig sind Wasser, Nahrungsmittel, Feuer und eine Behausung. Diese vier Dinge braucht jeder, der eine gewisse Zeit überleben will.

Man glaubt es kaum, aber ein gesunder Mensch kann 40 Tage ohne Nahrung überstehen. Wer allerdings einige Tage nichts gegessen hat, der wird sich bald schlapp fühlen und Schwierigkeiten bekommen, sich zu konzentrieren. Der Körper wird immer anfälliger für Krankheiten und produziert immer weniger Abwehrstoffe. Aber sterben wird dieser Mensch nicht.

Etwas zu trinken ist viel wichtiger als etwas zu essen. Denn ohne Flüssigkeitsaufnahme überlebt man nur etwa drei Tage. Die Menge an Wasser, die der Körper verliert, hängt davon ab, wie aktiv man ist, wie sehr man schwitzt. Dieses Wasser muss stets ersetzt werden, sonst kommt es zur Austrocknung (Dehydratation), zu Kopfschmerzen, Schwindel und Verwirrtheitszuständen. Ohne Wasser wird man immer hilfloser, bis man schließlich stirbt.

Jetzt könnte man meinen, dass es auf einer Insel, die vom Meer umgeben ist, eigentlich nicht schwer sein dürfte, Wasser zu finden. Allerdings eignet

sich Wasser nur zum Trinken, wenn es frisch, sauber und nicht zu salzig ist. Meereswasser zu trinken bringt also nichts. Wenn es auf der Insel kein natürliches Wasservorkommen gibt, dann tut es auch das Regenwasser. Das kann man in einem Behälter sammeln. Oder man nimmt einfach ein Stück Stoff, in dem sich dann am frühen Morgen der Tau von den Pflanzen sammelt.

Ein Feuer bedeutet Wärme und hält gefährliche Tiere auf Abstand. Man kann auf dem Feuer das Wasser abkochen, das man auf der Insel gefunden hat, um krankheitserregende Stoffe abzutöten. Auch dient das Feuer mit seinem Licht und Rauch als Signal an Schiffe und Flugzeuge.

Schließlich gehört auch der Bau einer Unterkunft zu den wichtigen Dingen, die man in einer solchen Extremsituation tun muss. Schon ein einfacher Verschlag hält einen nämlich trocken, schützt vor Sonne und Witterung und kann als Schlafstätte dienen. So spart man viel Energie, die man dann darauf verwenden kann, auf die Jagd zu gehen, nach den notwendigsten Dingen zu suchen und sich einen Überlebensplan zu machen.

Reden Delphine miteinander?

Delphine können sich untereinander verständigen. Dazu nutzen sie zwei verschiedene Schallsignale, die Wissenschaftler als Schnalz- oder Klicklaute und als Pfeiftöne bezeichnen. Das menschliche Ohr ist größtenteils nicht in der Lage, diese Signale zu empfangen. Deshalb verwenden Wissenschaftler Spezialgeräte, mit denen sie die Töne aufnehmen, um sie dann zu untersuchen.

Delphine scheinen mit den Schnalzlauten, die sie von sich geben, Gegenstände zu orten. Dazu senden sie ihr lautes Knacken aus und achten auf dessen Echo, wenn die Schallwelle auf einen Gegenstand stößt. Durch dieses Echo bekommen die Delphine Informationen über die genaue Lage des Gegenstandes. Es entwickelt sich für sie so etwas wie eine akustische Landkarte. Diese Technik heißt Echolotung.

An ihren Pfeiftönen scheinen sich die Delphine untereinander zu erkennen, und mit dem Pfeifen rufen sie einander zu. Jeder Delphin hat wohl seinen ganz persönlichen Pfeifton – sein unverwechselbares Markenzeichen. Ein Delphin kann aber auch das Pfeifen eines anderen nachmachen, wenn er dessen Aufmerksamkeit erregen will. Ein bisschen ist es so, als ob er ihn beim Namen ruft.

Seinen typischen Pfeifton bekommt der Delphin schon in sehr jungem Alter. Es scheint meist eine sehr nahe Kopie des Rufes der Mutter zu sein. Deshalb gibt es zwischen den Pfeiftönen der verschiedenen Mitglieder einer Familie eine gewisse Ähnlichkeit. Wissenschaftler haben solche Delphinverbände untersucht, die sogenannten Schulen, und dabei herausgefunden, dass sich

die Delphine untereinander auf eine Gefahr oder auf eine Stelle mit Nahrung aufmerksam machen können. Diese Botschaften werden in der Schule von Delphin zu Delphin übermittelt, und das auch über größere Entfernungen, damit alle die wichtigen Neuigkeiten erfahren.

Wissenschaftler haben außerdem herausgefunden, dass Delphine sich auch recht komplexe Botschaften übermitteln können. Dazu wurde ein Experiment eingerichtet, bei dem ein Delphin, wenn er an Nahrung kommen wollte, verschiedene Knöpfe in einer ganz bestimmten Reihenfolge mit seiner Nase drücken musste. Und exakt diese Reihenfolge konnte er dann erfolgreich an einen anderen Delphin weitergeben. Manche dressierte Delphine sind in der Lage, eine Zeichensprache zu verstehen, einige sogar bestimmte gesprochene Wörter. Es gibt Fachleute, die der Ansicht sind, dass man Delphine so weit schulen kann, dass sie ganze Satzfolgen verstehen, wie zum Beispiel: „Wirf mir den Ball zu und spring dann durch den Reifen!"

Manche Wissenschaftler nehmen an, dass Delphine für bestimmte Dinge ganz bestimmte „Wörter" verwenden, die sie dann den anderen so auch mitteilen. Einige gehen auch davon aus, dass jede Delphinschule ihre ganz eigene Sprache bzw. ihren speziellen Akzent hat.

Es hat aber noch keine Studie belegen können, dass Delphine tatsächlich in einer eigenen Sprache miteinander reden. Wie weit ihre sprachlichen Fähigkeiten nun wirklich entwickelt sind, das wird zur Zeit noch untersucht. Aber es kommen immer mehr interessante Details ans Licht. Vielleicht werden die Wissenschaftler ja eines Tages in der Lage sein, die Sprache der Delphine zu verstehen – und ihnen in ihrer eigenen Sprache zu antworten.

Ist Schokolade wirklich schlecht für mich?

Allzu viel ist ungesund – da macht die Schokolade keine Ausnahme. Du weißt sicherlich, dass man sich mit regelmäßigem Schokoladengenuss die Zähne schädigt – wegen des Zuckers, der in Schokolade enthalten ist. Auch kann man von Schokolade Pickel bekommen. Und wer lange Zeit große Mengen Schokolade verdrückt, der wird ganz einfach fett.

Schokolade enthält einen Stoff namens Theobromin, der für Menschen leicht verdaulich ist. Viele Tiere wie Katzen und Hunde vertragen ihn aber nicht. Im Körper eines Tieres kann Theobromin bis zu 20 Stunden verbleiben, und es ist giftig. Schon eine kleine Menge Schokolade, sagen wir 50 Gramm, ist äußerst gefährlich für Katzen und Hunde. Sie kann sogar zum Tode führen.

Auch für Babys und kleine Kinder stellt Theobromin eine Gefahr dar. Ihr Körper ist noch nicht in dem Maße in der Lage, die Substanz chemisch abzubauen, wie das bei älteren Kindern oder bei Erwachsenen der Fall ist. Das ist ein Grund dafür, dass kleine Kinder, die sich mit Schokolade vollstopfen, krank werden. Ist doch ein toller Vorwand, dem kleinen Bruder (der Schwester) die Schokolade wegzunehmen – man sorgt sich ja schließlich nur um sie ...!

Aber zu Schokolade gibt es nicht nur schlechte Nachrichten. Sie enthält über 380 chemische Stoffe, und einige von ihnen tun dir wirklich gut!

So gibt es in den Kakaobohnen eine Gruppe von Pflanzenstoffen namens Flavonoide, die im menschlichen Blut die Produktion von Blutplättchen (Thrombozyten) zumindest ein wenig reduzieren und so das Risiko eines Herzinfarkts mindern.

Auch wurde festgestellt, dass Schokolade den Hustenreiz lindern kann.

Wissenschaftler testen ferner die Wirkung von aus Kakaobohnen hergestellten Medikamenten auf die Zuckerkrankheit. Außerdem enthält Schokolade Substanzen, die das Wohlbefinden fördern: Sie regen das Gehirn an, Stoffe freizusetzen, die die Stimmung aufhellen.

Ein kleines Stück reiner, dunkler Schokolade kann den Zustand der Haut verbessern. Studien haben ferner nachgewiesen, dass es die Fette der Milch in der Milchschokolade sind, die Pickel hervorrufen, nicht aber der Kakao.

Und könnte man sich mit Schokolade auch umbringen? Das würde dann klappen, wenn man auf einmal so viel Schokolade essen würde, dass die darin enthaltene Menge an natürlichen Giftstoffen tödlich wirken würde. Wer klein ist, braucht dazu weniger als jemand, der groß gewachsen ist. Und sehr viel weniger Schokolade wäre nötig, um eine Katze zu vergiften. Aber nur keine Angst! Jede Katze, die dieses Buch gelesen hat, weiß ja, wie gefährlich Schokolade für sie ist.

Wie viele Tierarten sind bis heute noch unentdeckt?

Zur Zeit sind uns etwa 1,5 Millionen verschiedene Tierarten bekannt. Bei den Wissenschaftlern gehen die Schätzungen, wie viele Tierarten bis heute weltweit unentdeckt sind, sehr weit auseinander – von einer halben Million bis hin zu 50 Millionen. In Wahrheit kann dies niemand genau sagen.

Im Jahr 2003 startete eine wissenschaftliche Untersuchung über das Leben im Meer, die zehn Jahre dauern wird. Dabei erfassen 300 Meeresbiologen auf der ganzen Welt alle ihnen bekannten Fischarten. Diese Wissenschaftler gehen davon aus, dass sie mit Abschluss der Erhebung, im Jahr 2013, etwa 5000 neue Fischarten entdeckt haben werden, womit die Zahl der bekannten Arten auf 20 000 steigen würde.

Die Zahl der Fischarten zu erfassen ist eine Sache, dies mit allen Insektenarten der Erde hinzubekommen, ist eine noch viel größere Herausforderung. Die Hälfte aller derzeit bekannten Tierarten gehört zu den Insekten, darunter sind allein 350 000 Käferarten. Manche schätzen die Gesamtzahl aller Insektenarten auf über

30 Millionen. Davon wurde bisher erst weniger als eine Million erfasst und dokumentiert. Nach aktuellem Forschungsstand kann man davon ausgehen, dass jede Woche etwa drei neue Fischarten entdeckt werden. Und wie sieht es bei den Käfern aus? Nun, im Amazonasregenwald hat wohl jeder, der mit einer Lupe und einer Streichholzschachtel bewaffnet auf die Suche geht, gute Chancen, noch vor dem Frühstück eine neue Käferart zu entdecken!

Zum Vergleich: Bei den Säugetieren sind nur etwa 4500 Arten bekannt. Wenn sie da eine neue Art entdecken, geraten die Wissenschaftler ziemlich aus dem Häuschen, was ja auch verständlich ist ...

Ist es gefährlich, wenn ich mit den Fingerknöcheln knacke?

Bist du auch schon mal getadelt worden, weil du mit den Fingerknöcheln geknackt hast? Hat dich auch schon mal jemand damit erschreckt, dass er dich vor schlimmen Folgen für deine Hände gewarnt hat? Und du hast dir wahrscheinlich im Stillen gedacht, dass sich alle nur deshalb so aufregen, weil sie das Geräusch der knackenden Knöchel so hassen ...?

Der Zwischenraum zwischen deinen Fingerknochen ist in jedem Fingerknöchelgelenk gefüllt mit der

sogenannten Synovial-Flüssigkeit. Sie bewirkt, dass das Gelenk gleitfähig bleibt und problemlos funktioniert. An den Seiten des Knöchelgelenks befinden sich Bänder – das sind starke Gewebsstreifen, die den Knochen und das Gelenk zusammenhalten. Wer nun mit den Fingerknöcheln knackt, (über)dehnt das Gelenk und erweitert so den Zwischenraum zwischen den Fingerknochen. Dadurch entstehen in der Synovial-Flüssigkeit kleine Gasbläschen. Das Knacken rührt her vom Zerplatzen dieser Bläschen.

Aber ist es nun wirklich schädlich, wenn man dieses Knackgeräusch macht? Nun, Gelenkverletzungen ergeben sich oft aus Beschädigungen des Knorpels. Knorpel ist ein festes, biegsames Stützgewebe, das ein wenig wie eine Dämpfung zwischen den Knochen wirkt. Wenn man nun mit den Fingerknöcheln knackt, belastet man den Knorpel recht stark, aber wohl nicht in dem Maße, dass man ihn schädigt.

Studien an Menschen, die über eine lange Zeit regelmäßig ihre Fingerknöchel „haben knacken lassen", belegen, dass bei ihnen die Fingergelenke ein wenig angeschwollen sind im Vergleich zu Leuten, die es nicht „knacken ließen". Was aber mehr beunruhigt ist die Tatsache, dass der Handgriff dieser Menschen deutlich schwächer ist als er sein sollte. Das legt die Vermutung nahe, dass ständiges Knöchelknacken auf Dauer die Hände schwächt.

Was geschieht, wenn ein Meteorit auf die Erde knallt?

Ein Meteorit ist ein Festkörper aus Fels, Eisen oder einem anderen Stoff, der durch den Weltraum fliegt. Millionen von ihnen gelangen jedes Jahr in die Erdatmosphäre, die meisten sind aber so klein, dass sie vollständig verbrennen. Dabei formen sie den sogenannten Meteor, einen leuchtenden Schweif, den man von der Erde aus sehen kann.

Staub, der von diesen verbrannten Meteoriten stammt, regnet andauernd auf die Erde. Doch die Zahl der Meteoriten, die größer sind als eine Murmel und diesen feurigen Fall überleben, liegt bei unter 500 im Jahr.

Der größte Meteorit, der je auf der Erde gefunden wurde, ist der sogenannte Hoba-Meteorit, der vor etwa 80 000 Jahren in Namibia, Afrika, auf die Erde prallte. Ein Großteil des Meteoriten hat sich seit seinem Aufprall durch Erosion aufgelöst, der Rest wiegt aber immer noch über 54 Tonnen. Wahrscheinlich wurde der Meteorit durch die Erdatmosphäre so stark abgebremst, dass er praktisch an einem Stück verblieb, aber keinen großen Krater verursachte.

Nur wenige Meteoriten sind groß genug, um einen solchen Krater auf der Erdoberfläche zu hinterlassen. Wenn nun ein besonders großer Meteorit in die Erdatmosphäre eintreten würde, könnte diese ihn nicht allzu sehr abbremsen. Er würde mit unglaublicher Geschwindigkeit auf die Erde aufprallen – mit 40 000 km/h oder noch schneller –, einen gewaltigen Krater verursachen und Millionen Tonnen an brennendem Geröll aufwirbeln. Das würde alles in Brand setzen, mit dem es in Kontakt käme.

Die Druckwelle aus dem Meteoriteneinschlag würde im Umkreis von Kilometern alles umwerfen und planieren. Der Staub, der durch den Einschlag in die Luft gewirbelt würde, könnte über Wochen, auch Jahre das Sonnenlicht verdunkeln. Schlüge ein solcher Meteorit in einem Ozean ein, würde er gewaltige Tsunami-Wellen verursachen, die

alles Leben in den Küstenregionen vernichten. Viele Wissenschaftler sind davon überzeugt, dass ein großer Meteorit (mit 10 Kilometern Durchmesser) vor Jahrmillionen die Erde traf und das Ende der Dinosaurier bedeutete. Bei dem 180 Kilometer breiten Krater nahe der mexikanischen Küste geht man als Ursache von einem solchen Meteoriteneinschlag aus. Der Krater hat den Namen Chicxulub-Krater, was in der Sprache der Maya „Teufelsschwanz" bedeutet. Der Staub, den dieser Aufprall aufwirbelte, hielt für Jahre das Sonnenlicht ab. Deshalb wuchsen keine Pflanzen mehr. Die Dinosaurier fanden nicht mehr genügend Nahrung – und starben aus.

Die gute Nachricht ist, dass ein Meteorit von der Größe des Exemplares, das den Chicxulub-Krater verursachte, nur einmal in 100 Millionen Jahren auftaucht. Und ebenfalls beruhigend ist die Tatsache, dass die Sternforscher, die das All beobachten, weltweit schon sehr früh einen solchen Meteoriten entdecken würden. Denn sie sind ständig damit beschäftigt, unser Sonnensystem nach Riesenmeteoriten abzusuchen, die auf Kollisionskurs zur Erde sind.

Wenn nun Sternforscher einen solchen Meteoriten entdecken würden, der nach ihrer Berechnung in zehn oder 20 Jahren auf die Erde prallt, müsste man gewissenhaft entscheiden, wie man diese Katastrophe abwenden will. Eine Möglichkeit wäre es, den Meteoriten aus seiner Bahn zu schubsen, indem man versucht, ein riesiges Segel an ihm zu befestigen, oder indem man ihn mit einem Atomsprengsatz beschießt. Beides wäre nicht einfach, denn Meteoriten drehen sich ständig, sodass man sie kaum unter Kontrolle bekommen kann. Und wenn nun ein Meteorit, sagen wir von der Größe des Mount Everest, auf uns zurasen würde, wäre es sicher nicht einfach, ihn aus seiner Bahn zu stoßen.

Eine weitere Möglichkeit, den Zusammenstoß zu vermeiden, wäre es, den Meteoriten in kleine Stücke zu sprengen, bevor er uns erreicht. Ein riskantes Unterfangen, denn die bis zu einer Million Felsstücke, die dadurch entstehen, könnten den gleichen Schaden verursachen wie ein Riesenmeteorit aus einem Stück.

Wer wird mich eher fressen, ein Hai, ein Löwe oder ein Krokodil?

Diese Frage kann man kurz beantworten: Jedes Jahr werden zirka zehn Menschen von einem Hai getötet, etwa 700 Personen kommen durch Krokodile zu Tode, ungefähr dieselbe Anzahl stirbt durch Löwen oder Tiger. Der Unterschied zwischen diesen Tieren liegt darin, dass ein Krokodil dich immer und zu jeder Zeit fressen will. Bei den anderen Tieren ist das nicht so.

Der Grund dafür, dass tödliche Haiangriffe relativ selten sind, ist ziemlich naheliegend: Menschen leben nicht im Meer, und deshalb treffen sie auch nicht allzu oft auf Haie. Von den etwa 400 Haiarten in allen Weltmeeren stellen nur etwa vier oder fünf eine mögliche Bedrohung für Menschen dar. Es sieht so aus, dass Haie nicht vorsätzlich auf Menschenjagd gehen. Sie neigen eher dazu, Menschen anzuknabbern, da sie diese fälschlich für Fische oder Seehunde halten. Meist hören sie damit auf, wenn sie ihren Fehler entdeckt haben. Nur leider kann auch das Knabbern eines Haies tödlich sein, vor allem, weil viele Menschen aufgrund des Schocks sterben. In Wahrheit haben aber die Haie ihrerseits viel mehr von den Menschen zu befürchten, die jedes Jahr Millionen Haie töten.

Löwen und Tiger betrachten den Menschen eigentlich nicht als Beutetier und greifen ihn deshalb nur selten an. Es gibt Hinweise, dass ein alter oder verletzter Löwe, der keine normale Beute mehr jagen kann, sich in seiner Not auf die Menschenjagd verlegt. Manche Einzelgänger unter den Löwen und Tigern, die an Menschenfleisch Geschmack gefunden hatten, töteten über die Jahre Dutzende, teilweise sogar Hunderte Menschen.

Bei den Krokodilen ist das anders. Jedes Krokodil, das groß genug ist, um dich anzugreifen und aufzufressen, wird dies ohne zu zögern tun. Krokodile jagen aus dem Hinterhalt und verstecken sich dazu im Wasser oder hinter einem Busch. Dort warten sie geduldig, bis ihr Opfer nahe genug gekommen ist. Dann schlagen sie zu …

Kann man Tote wieder zum Leben erwecken?

Wenn jemand einen Herzstillstand erleidet, gelingt es relativ häufig, ihn wieder ins Leben zurückzubringen. Mittels eines Elektroschocks wird das Herz erneut zum Schlagen gebracht, sodass auch die anderen Körperfunktionen wieder aktiv werden.

Eine solche Wiederbelebung gelingt nur innerhalb von etwa fünf Minuten nach dem Herzstillstand. Dann gibt es gute Chancen, dass sich der Betroffene vollständig wieder erholt. Dauert es länger als acht Minuten, ist davon auszugehen, dass das Gehirn durch den Sauerstoffmangel dauernde Schäden davontragen wird.

Ärzte haben festgestellt, dass viele Menschen, die in sehr kaltem Wasser untergegangen sind, gute Chancen auf eine Genesung haben, auch wenn sie 30 Minuten und länger unter Wasser waren. Wer einmal in kaltes Wasser gesprungen ist, kennt vielleicht den „Taucherreflex" („diving response"). Das bedeutet, dass der Körper auf die Kälte des Wassers dadurch reagiert, dass er die Blutzufuhr zur Außenhaut und zu den Muskeln reduziert und stattdessen mehr Blut zum Herzen und zum

Gehirn gelangen lässt. Dadurch erhalten diese Organe für eine längere Zeit den lebenswichtigen Sauerstoff. Je jünger die betreffende Person ist, desto größer sind ihre Überlebenschancen.

Die Kryonik ist die Anwendung extremer Kälte (– 130 °C) und chemischer Substanzen auf Menschen, die von der Medizin nach aktuellem Wissensstand nicht am Leben gehalten werden können, um so zumindest ihren Körper zu konservieren. Wenn eines Tages die Medizin ein Mittel gegen seine Krankheit gefunden hat, könnte man den eingefrorenen Menschen auftauen, wiederbeleben und heilen.

Bisher ist noch niemand, der eingefroren wurde, ins Leben zurückgekehrt. Es kann noch Jahrhunderte dauern, bis die Medizin so weit ist, dass man es wagen kann, diese Menschen wieder aufzutauen.

Welches ist das seltenste Tier der Welt?

Endgültig vor dem Aussterben steht eine Tierart dann, wenn von ihr nur noch ein Exemplar übrig geblieben ist. Falls nun kein weiteres Geschöpf aus derselben Art (aber vom anderen Geschlecht) auftaucht, ist diese Art zum Untergang verdammt.

Der Beuteltiger (Thylacinus cynocephalus), auch Tasmanischer Tiger genannt, ist offiziell seit 1936 ausgestorben. Diese Tiere sehen aus wie gestreifte wilde Hunde. Der letzte seiner Art, er hieß Benjamin, starb im Zoo

von Hobart, Tasmanien, Australien. Benjamin war damit das letzte lebende Exemplar seiner Art.

In den Jahren nach Benjamins Tod wurden verschiedene Erkundungreisen und Expeditionen unternommen und ein Forschungs- und Datenzentrum gegründet, alles mit dem Ziel, lebende Beuteltiger aufzuspüren. Nach dem Tod von Benjamin gab es über 300 Augenzeugen, die einen Beuteltiger gesichtet haben wollten, doch keines dieser Tiere erwies sich als echter Beuteltiger.

„Lonesome George" ist eine Riesenschildkröte. Im Jahr 1972 wurde George in die Charles Darwin Forschungsstation auf der Insel Santa Cruz gebracht, die zu den Galapagos-Inseln gehört. Bis George entdeckt wurde, war man davon ausgegangen, dass seine Art durch übermäßige Jagd ausgerottet worden ist. Im Guinness-

Buch wird George als seltenstes lebendes Tier der Welt geführt. 1990 brachte man zwei artverwandte Schildkrötendamen auf die Insel, damit sie George Gesellschaft leisteten. Doch fast zwei Jahrzehnte lang zeigte der wenig Interesse an den Damen. Bis im Sommer 2008 in einem Nest, das eines der Weibchen gegraben hatte, neun Eier gefunden wurden! Inzwischen werden drei von ihnen künstlich ausgebrütet, und es stellt sich die Frage: Ist George wirklich der Letzte seiner Art?

Im Jahr 1997 entdeckte man nahe dem neuseeländischen Ort Coromandel ein Exemplar einer bis dahin unbekannten Echsenart, den Neuseeländischen Braungecko (Hoplodactylus stephensi). Das Tier wurde vier Jahre lang in Gefangenschaft gehalten, starb dann aber, bevor ein Weibchen gefunden werden konnte. Als dann doch ein Weibchen entdeckt wurde, begann gleich wieder die Suche nach einem entsprechenden Männchen. Doch wenig später starb das Weibchen ...

Im Jahr 2007 tauchte dann wieder ein Braungecko-Männchen auf, nur etwa 300 Meter von der Stelle entfernt, an der das erste Männchen gefunden worden war. Inzwischen läuft nun wieder die Suche nach einem Weibchen. Eine Alternative wäre, das Männchen mit einem elektronischen Sender zu versehen und auszuwildern, da es vielleicht in Eigeninitiative eine Partnerin findet. Mit nur drei bekanntgewordenen Exemplaren, von denen niemals zwei gleichzeitig lebten, hat der Neuseeländische Braungecko gute Chancen auf den Titel „seltenstes Tier der Welt“.

Haben Zwillinge dieselben Fingerabdrücke?

Es gibt eineiige und zweieiige Zwillinge. Diese Zwillingspaare unterscheiden sich dadurch, dass die einen aus einem einzigen Ei hervorgegangen sind, die anderen aus zweien.

Zweieiige Zwillinge ähneln sich in dem Maße, wie es bei Geschwistern der Fall ist, die zu unterschiedlicher Zeit geboren wurden. Die Farbe ihrer Augen kann verschieden sein, und äußerlich sehen sie sich oft nicht sehr ähnlich.

Bei eineiigen Zwillingen ist das anders, denn sie entstammen ja demselben Ei. Ihre biologische und chemische Struktur ist exakt identisch. Die Augen- und Haarfarbe wird dieselbe sein, und meist ähneln sie sich auch äußerlich sehr.

Und doch entwickeln sich auch eineiige Zwillinge unterschiedlich, sobald sich im Mutterleib das eine Ei aufgeteilt hat, aus dem sie stammen. Es gibt einige Faktoren, die die Babys im Mutterleib beeinflussen und so zu kleinen Unterschieden in der Entwicklung der beiden vor und nach der Geburt führen. Haben die Babys eine unterschiedliche Lage im Mutterleib, werden sie jeweils in eine andere Richtung schauen. Und wenn der eine Zwilling mehr Nahrung aufnimmt als der andere, wird er schneller wachsen.

Eineiige Zwillinge sehen sich sehr ähnlich, und doch gibt es Details, in denen sie sich unterscheiden: etwa die Anordnung der einzelnen Haare auf dem Kopf oder die Zahl der Sommersprossen und der Muttermale.

Auch die Fingerabdrücke sind ein Unterscheidungsmerkmal, denn ein einzelner Fingerabdruck ist so kompliziert aufgebaut, dass er ganz unverwechselbar einer bestimmen Person zuzuordnen ist. So ist es auch bei eineiigen Zwillingen: Deren Fingerabdrücke werden sich ähneln, sie sind aber nicht identisch. Eine Tatsache, die sich auch die Polizei zunutze machen kann ...

Warum ziehen Eisbären nicht in wärmere Regionen?

Eisbären leben hauptsächlich in den kalten Regionen der Nordhalbkugel nahe dem Nordpol, die zu Russland, Norwegen, Grönland, Kanada und Alaska gehören. Eisbären lieben das Meer. Dessen Eis schmilzt im Sommer und friert im Winter wieder zu. Hier können sie Jagd machen auf Robben, ihre Lieblingsspeise.

Wissenschaftler vertreten die Theorie, dass vor etwa 250 000 Jahren einige Braunbären im hohen Norden vom winterlichen Eis eingeschlossen wurden. Um zu überleben, mussten sich diese Tiere nun an die unwirtliche neue Umgebung anpassen. Das wird aber nur Schritt für Schritt abgelaufen sein.

Über viele Generationen hinweg wurden die Bären immer größer: Heute ist ein ausgewachsenes Eisbärenmännchen 2,5 bis 3,5 Meter lang und wiegt 400 bis 600 Kilogramm. Auch die Extremitäten wurden sehr kräftig, und an den Tatzen wuchs ein dicker Pelz, sodass die Bären in Eis und Schnee laufen und klettern konnten. Ihre Krallen und Zähne wurden immer länger und schärfer. So konnten sie Beutetiere jagen und deren Fleisch verzehren.

Um in der neuen Umgebung zu überleben, entwickelten sich die Eisbären zu hervorragenden Schwimmern: Ihr Nacken wurde länger, und an ihren Tatzen bildeten sich Schwimmhäute.

Heute besitzen die Eisbären ein cremig-weißes Fell, mit dem sie in Eis und Schnee sehr gut getarnt sind. Sie haben außerdem eine dicke Speckschicht, die sie warm hält – was auch nötig ist bei den harten Lebensbedingungen in der Arktis mit Wintertemperaturen von bis zu – 45 °C!

Heutzutage sind die Eisbären hervorragend ausgestattet, um in diesen kalten Regionen zu überleben. Hier sind sie die meistgefürchteten Raubtiere. Beim Kampf um die Nahrung haben die Eisbären in der Polarregion keine natürlichen Feinde. Es ist praktisch ausgeschlossen, dass sie auf ein Beutetier treffen, das größer oder stärker ist, als sie es sind.

Wenn die Eisbären nun Richtung Süden in wärmere Regionen ziehen würden, könnten sie sicher in einer angenehmeren Umgebung leben. Aber sie müssten sich dann mit anderen großen Raubtieren auseinandersetzen: mit anderen Bären, Großkatzen, Wölfen, ja vielleicht sogar mit Krokodilen.

Gegen all diese Raubtiere müssten die Eisbären um ihre Nahrung kämpfen und auch ihre Jungen vor ihnen schützen.

Ihre typischen Körpermerkmale, die die Eisbären in ihrer eiskalten Heimat entwickelt haben, sind für ein Leben in einer wärmeren Region nicht geeignet. Mit ihrem cremig-weißen Fell wären sie leicht auszumachen – jedes Beutetier sähe sie schon aus weiter Entfernung und könnte sich rechtzeitig „aus dem Staub“ machen. Die langen, scharfen Zähne der Eisbären eignen sich hervorragend für das Zerteilen von Fleisch, aber gar nicht für das Kauen von Pflanzen, wie sie in wärmeren Gebieten wachsen.

So kann man ihnen also nur empfehlen: „Vergesst das warme Florida und bleibt in eurer liebgewonnenen, kalten Heimat!“

Woher kommt der Lärm beim Donner?

Glaub niemandem, der dir weismachen will, der Lärm des Donners komme daher, dass die Wolken aneinanderkrachen. Lächle einfach und lass ihn reden …

In jeder Sekunde treffen hundert Blitze die Erde. Die unglaubliche Stromstärke und die Spannung, die bei der Entladung durch einen Blitz auftreten, erhitzen die Luft in der Umgebung auf über 30 000 °C. Der Luftdruck im Bereich des Blitzes steigt stark an, und die hoch erhitzte Luft breitet sich explosionsartig in Schallgeschwindigkeit aus. Dadurch entsteht das typische Donnergeräusch. Ein einzelner senkrecht verlaufender Blitz erzeugt einen einzigen Knall, aber die Schallwellen erreichen uns nur nach und nach. Zuerst die Wellen, die nahe dem Erdboden verlaufen und uns damit am nächsten sind, zuletzt die, die vom oberen Ende des Blitzes ausgehen. So entsteht dieses rollende Donnergeräusch.

Ein Linienblitz besteht aus vielen verästelten Blitzen. Jeder einzelne Blitz verursacht seine eigene Stoßwelle. Die Stoßwellen treffen dann aufeinander und erzeugen das lang anhaltende Donnergrollen.

Manchmal hört man den Donner bereits in dem Moment, in dem der Blitz aufscheint. Das ist der Fall, wenn die Entladung langsamer vor sich geht und die Luft um den Blitz herum sich nicht so explosionsartig ausdehnt.

Woran liegt es, dass jemand gut aussieht?

„Geschmäcker sind verschieden“, heißt es, und das gilt auch in deinem Freundeskreis. Frag einmal nach, wer denn wohl gut aussieht – du wirst die unterschiedlichsten Antworten bekommen. Einigkeit gibt es oft bei der Frage, ob jemand total hübsch oder total hässlich ist.

Ein wichtiger Faktor für Attraktivität ist die „Symmetrie“. Menschen schauen dann symmetrisch aus, wenn die eine Hälfte ihres Körpers und vor allem ihres Gesichts der anderen sehr ähnlich ist. Da besteht bei den meisten Menschen doch ein ziemlicher Unterschied zwischen den beiden Hälften. Schau dich einmal selbst an! Wahrscheinlich hast du ziemlich ungleiche Zehen, ein Fuß wird etwas größer / kleiner sein als der andere, und die linke Augenbraue steht höher als die rechte.

Oft sind diese Unterschiede bei der Symmetrie hervorgerufen durch Krankheiten und Unfälle, manchmal schon durch Komplikationen bei der Geburt. Vielleicht schließen die meisten Menschen unbewusst von einem symmetrischen Gesicht oder Körper auf einen sehr gesunden Menschen. Es ist wohl ein Grundverhalten von Säugetieren, zu denen ja auch die Menschen zählen: Wenn sie nach jemandem schauen, mit dem sie Kinder haben möchten, dann suchen sie nach einem starken, gesunden Partner, der gesunde Kinder „garantiert". Gesunde Kinder gewährleisten nämlich das Überleben der ganzen (Säugetier-)Art.

Diese Liebe zur Symmetrie wurde auch bei Tieren festgestellt. Schwalbenmännchen, denen mit einer Schere die Schwanzfedern so beschnitten wurden, dass sie völlig unsymmetrisch sind, haben bei den Schwalbendamen so gut wie keine Chancen mehr. Bienen stehen besonders auf symmetrische Blumen: Wenn man die Blütenblätter an einer Seite entfernt, sind diese Blumen für die Bienen gleich sehr viel weniger attraktiv.

Für wahre Schönheit braucht es sicher viel mehr als Symmetrie – aber wenn du entdeckst, dass dein Gesicht ziemlich symmetrisch ist, dann ist das schon cool. Denk an die Bienen!

Wer ist schlauer – Katzen oder Hunde?

Es ist schon schwer, die Intelligenz zweier Menschen miteinander zu vergleichen, um so schwerer fällt es bei zwei völlig verschiedenen Tierarten. Menschen haben ganz unterschiedliche Fähigkeiten – so dürften viele Maschinenbauingenieure daran scheitern, einen Liebesroman zu schreiben. Und wer nun fragt: „Wer ist schlauer – Katzen oder Hunde?", der muss immer im Hinterkopf behalten, wie unterschiedlich beide Tierarten veranlagt sind.

Hunde lassen sich leichter abrichten als Katzen. Das liegt daran, dass sie bevorzugt in Rudeln leben und so mehr soziale Fähigkeiten entwickeln als die Katzen. Wenn eine Hundemeute bei der Jagd Erfolg haben will, muss sie sich untereinander gut verstehen. Wenn du einen jungen Hund besitzt, wird er dich normalerweise als „Leitwolf" ansehen und sich selbst als Teil des Rudels. Deshalb wird er folgsam sein, wenn du ihm etwas sagst. Er will eben dem „Chef" gefallen.

Katzen dagegen kümmern sich eigentlich nicht um andere. Besitzt du eine Katze, wird sie dir nicht deshalb folgen, damit du mit ihr zufrieden bist. Katzen gehen im Normalfall alleine auf die Jagd. Dafür können sie besser als Hunde Probleme lösen und auch besser Folgerungen ziehen aus dem Verhalten, das sie bei anderen sehen, um es dann nachzuahmen. Katzen lernen es, Wasserhähne anzustellen, Schränke zu öffnen oder auf die Toilette zu gehen. Das liegt aber nur daran, dass die Katze durstig und hungrig ist oder den Gestank von Kot nicht mag. Katzen sind recht eigensinnig. Die Fähigkeit, etwas durch das Nachahmen des Verhaltens anderer zu erlernen, besitzen vor allem die Katzen und die Affen, weniger die Hunde.

Hunde verstehen gut Signale und Kommandos, die ihr Herrchen gibt, sodass aus ihnen zum Beispiel ausgezeichnete Hirtenhunde werden können. Ebenso eignen sie sich zur Ausbildung zum Suchhund, Wachhund, Polizeihund und zum Blindenhund. Durch seine hervor-

ragenden sozialen Fähigkeiten ist ein Hund auch zu anderen Formen der Kommunikation in der Lage, denn er kann Stimmungen einer Person und ihre Körpersprache deuten. Es soll sogar Hunde geben, die bei Menschen bisher unentdeckte Krankheiten aufspüren.

Dafür haben Katzen ein besseres Orientierungsvermögen und sind auch länger als Hunde in der Lage, sich die äußere Form von Dingen und Gegenständen zu merken. Wenn man eine Katze 30 Kilometer entfernt von ihrem häuslichen Revier aussetzt, schafft sie es innerhalb einer Woche fast immer, wieder nach Hause zu finden.

Ein Weg, um annähernd die Intelligenz eines Tieres einschätzen zu können, ist es, das Gewicht seines Gehirns im Verhältnis zum Körpergewicht zu messen. Da haben in der Tierwelt die Affen den besten Quotienten, gefolgt von den Walen und den Delphinen. Dann kommen die Katzen, während die Hunde auf dieser Liste sehr viel weiter hinten stehen.

Eine Antwort auf die Frage ist also gar nicht so leicht. Man kann wohl sagen, dass ein schlauer Hund mehr drauf hat als eine dumme Katze – und umgekehrt natürlich. Es steht aber auch fest, dass im Normalfall Pudel cleverer sind als Afghanische Windhunde und Siamkatzen in der Regel schlauer sind als Perserkatzen.

Warum schmeckt mir alles so schlecht, was gesund ist?

Ärgert es dich nicht auch manchmal, dass alles Leckere – Pizza, Bonbons und Hamburger – schlecht für deine Gesundheit sein soll, während die gesunden Sachen – Brokkoli, Leber und Rosenkohl – so komisch schmecken? Hast du dich mal gefragt, woran es liegt, dass dir besonders die süßen und fettigen Sachen schmecken – also Käsekuchen und Chips –, und die eher bitteren Sachen einfach nicht so – wie Spinat oder Kraut?

Die Grundqualitäten des Geschmackssinns werden eingeteilt in süß, sauer, salzig und bitter. Vor etwa 100 Jahren fand man eine fünfte Geschmacksqualität, die sogenannte „umami“. Durch sie wird ein Teil des typischen Fleischgeschmacks vermittelt. Fürs Überleben braucht der Mensch in seiner Nahrung Zucker, Salz und Proteine. Daran kann es liegen, dass man süße, salzige und Speisen mit Fleischgeschmack besonders mag.

In der Natur kann Süße (manchmal auch Herbheit) ein Hinweis darauf sein, dass ein Nahrungsmittel sicher und gesund ist, also zum Beispiel Vitamin C enthält. Ein bitterer Geschmack kann dagegen darauf hinweisen, dass die Nahrung giftig ist und deshalb nicht gegessen werden sollte. Kleine Kinder und schwangere Frauen vermeiden instinktiv Speisen mit bitterem Geschmack, was an diesem Warnhinweis der Natur liegen kann.

Sogenannte „sekundäre Pflanzenstoffe“, wie sie in Früchten und Gemüse vorkommen, helfen dem Körper, sich gegen Krankheiten zu schützen. Brokkoli, Kraut und Rosenkohl enthalten besonders viel von diesen Stoffen, nur schmecken sie vielen nicht – wegen ihres oft eher bitteren Geschmacks. Ernährungswissenschaftler haben nun alles getan, um diesen gesunden Lebensmitteln einen besseren Geschmack zu verpassen, damit gerade Kinder mehr davon essen. Der Haken an der Sache ist, dass diejenigen sekundären Pflanzenstoffe, die gegen Krankheiten helfen, auch für den bitteren Geschmack verantwortlich sind! Als man endlich einen Rosenkohl gezüchtet hatte, der besser schmeckte, enthielt er leider auch weniger von diesen gesunden Stoffen.

Warum haben Eichhörnchen einen buschigen Schwanz?

Eichhörnchen sind Nagetiere und gehören zur selben Familie wie Ratten und Mäuse. Aber anders als ihre Verwandten haben sie einen buschigen Schwanz. Es gibt einige Gründe, warum dieser Schwanz mehr ist als ein Modegag oder schmuckes Beiwerk.

Affen, die auf Bäumen leben, benutzen ihren Schwanz zum Festhalten und zum Hin-und-Herschwingen. Auch Eichhörnchen leben meist auf Bäumen. Den Schwanz nutzen sie aber für das Gleichgewichthalten beim Lau-

fen. Wenn sie dann auf einem Ast stehen bleiben, wirkt ihr Schwanz wie der Stab eine Seiltänzers und hält ihren Körper im Gleichgewicht. Hat ein Eichhörnchen einmal Pech und fällt vom Baum, dann kann es seinen Schwanz ein wenig wie einen Fallschirm einsetzen, den Sturz verlangsamen und den Aufprall abmildern. Auch am Boden nutzt das Eichhörnchen seinen Schwanz wie ein Steuerruder, wenn es bei voller Geschwindigkeit die Richtung wechselt.

Der Schwanz des Eichhörnchens ist genauso luftig und flaumig, wie er aussieht. In den langen, kalten Wintermonaten, wenn die Nahrung knapp wird, rollen sich die Eichhörnchen ein und benutzen ihren Schwanz wie eine Daunendecke, die sie wärmt. Dadurch verbrauchen sie viel weniger Energie.

Im Sommer dient der Schwanz den Eichhörnchen zum Schutz vor der Sonne – ihr wissenschaftlicher Name „Sciurus“ setzt sich aus den altgriechischen Wörtern für Schatten und Schwanz zusammen.

Zur Verteidigung dienen den Eichhörnchen vor allem ihre messerscharfen Zähne, aber auch auf ihren Schwanz können sie sich verlassen. Der ist nämlich doppelt so lang wie ihr Rumpf und lässt sie viel gefährlicher aussehen als sie eigentlich sind. Und außerdem dient er ihnen am Boden als Schutz vor Angriffen von Vögeln. Die können den Schwanz nämlich nicht richtig packen: Er flutscht ihnen durch die Krallen.

Besonders beeindruckend ist, wie es die Eichhörnchen gelernt haben, sich mit ihrem Schwanz gegen Klapperschlangen zu wehren. Klapperschlangen haben an ihrem Kopf Wärmesensoren, mit denen sie Beute ausmachen. Trifft nun ein Eichhörnchen auf eine Klapperschlange, erwärmt sich sein Schwanz und füllt sich mit Blut. Bemerkt die Klapperschlange diesen warmen, flatternden Schwanz, wird sie fast immer zurückschrecken und weiterziehen. Wissenschaftler sind sich sicher, dass dieses Verhalten des Eichhörnchens absichtlich geschieht, denn wenn es auf andere Schlangen trifft, die keine Wärmesensoren besitzen, erwärmt sich sein Schwanz nicht.

Unglaublich also, was so ein Eichhörnchenschwanz alles kann: Er dient als Sonnenschirm, Fallschirm, als Steuerruder, Balancierhilfe, Daunendecke, Schutzschild und Klapperschlangenschocker. Und dann sieht er auch noch verdammt gut aus!

Was wollen mir meine Träume sagen?

Jeder Mensch träumt im Schnitt zwei Stunden pro Nacht. Die Wissenschaftler wissen nicht genau, woran das liegt. Sie haben es auch noch nicht geschafft, die Stelle im Gehirn zu finden, die für das Träumen verantwortlich ist. Und ob Träume eine besondere Bedeutung haben, ist auch nicht endgültig bewiesen.

Es gibt Theorien, wonach Träume die tiefsten Wünsche und Gefühle eines Menschen offen legen. Andere sehen in den Träumen zufällige Bilder und Gedanken, die das Gehirn des Schlafenden in einen Zusammenhang zu setzen sucht, die aber keine tiefere Bedeutung haben. Wie man es auch sehen mag – die Dinge, von denen du träumst, scheinen für dich besonders wichtig zu sein. Du solltest also herauszufinden versuchen, was sie dir mitteilen wollen.

Die Traumforschung oder Oneirologie befasst sich mit den Inhalten der Träume und versucht, sie wissenschaftlich zu deuten. Die meisten Traumforscher sind sich darin einig, dass viele Menschen ähnliche Träume haben, und auch darüber, was diese Träume zu bedeuten haben.

Hast du nun schon einmal einen der folgenden Träume gehabt?

„Ich bin völlig nackt!“ Ein solcher Traum lässt darauf schließen, dass du dich in deinem wahren Leben wegen irgendeiner Sache ganz besonders schämst; oder dass

du ein Geheimnis hast, dessen Entdeckung du fürchtest. Wenn du geträumt hast, in der Schule nackt gewesen zu sein, kann das daran liegen, dass du für einen Test nicht richtig vorbereitet bist oder Angst hast, dass dich jemand hochnimmt und veralbert.

„Ich fliege im freien Fall!“ Das kann bedeuten, dass du dich unsicher fühlst, die Kontrolle verloren und irgendeinen dicken Fehler gemacht hast. Oft wacht man mit einem lauten Schrei aus diesem Traum auf. Wenn nun

jemand träumt, dass er auf den Boden aufknallt, kann man daraus keinesfalls folgern, dass er auch im wahren Leben sterben wird. Ein schwereloser Flug kann bedeuten: Du hast alles im Griff und weißt, wo es lang geht.

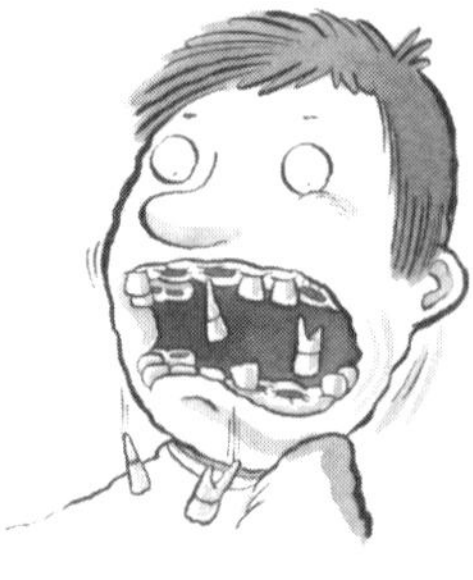

„Ich habe Prüfungsangst!“ Wenn ein solcher Traum schlecht ausgeht, kann das darauf hinweisen, dass du dich ausgegrenzt fühlst oder dass du Angst hast, jemanden zu enttäuschen.

„Mir fallen alle Zähne aus!“ Das ist ein Angsttraum, den viele haben. Er kann einfach nur bedeuten, dass du größer und erwachsener wirst (also deine „Milchzähne verlierst“).

„Ich werde verfolgt!“ Das weist darauf hin, dass du dich in deinem Alltagsleben gerne vor Entscheidungen drückst und lieber vor Problemen davonläufst.

Du solltest herauszufinden versuchen, was genau dich verfolgt hat. Wenn es wie ein Löwe aussah, steht der vielleicht für deinen nächsten Erdkunde-Test oder für deinen Vater, dem du noch beichten musst, dass du deinen neuen iPod® verloren hast.

Wollen dir nun deine Träume wirklich etwas sagen? Es ist wohl so. Zumindest zeigen sie dir tiefe Gefühle und Ängste, die du wahrscheinlich verdrängt hast. Wenn du deine Traumwelt interpretierst (deutest), kann es dir helfen, deine Probleme unter einem anderen Blickwinkel zu sehen und dadurch zu lösen.

Wie viel Platz hat jeder einzelne Mensch auf der Erde?

Derzeit leben auf der Erde etwa 6,7 Milliarden Menschen. Wer Bilder von Hongkong, New York und London betrachtet, der wird sich denken, dass es auf der Erde ziemlich voll ist. Aber es gibt auch viele Regionen, in denen weite Landstriche sehr dünn besiedelt sind, zum Beispiel in Kanada und Grönland.

Die Gesamtoberfläche der Erde beträgt 510 Millionen Quadratkilometer. Das bedeutet, dass jeder der 6,7 Milliarden Erdenbürger für sich 0,076 Quadratkilometer oder 76 000 Quadratmeter beanspruchen kann.

Das scheint eine ordentliche Fläche für jeden zu sein. Allerdings sind 70 Prozent der Erde von Wasser bedeckt, und ein Großteil des restlichen Landes sind Eisflächen und Wüsten, wo eigentlich niemand auf Dauer leben kann. Das ist nur auf etwa 10 Prozent der Erdoberfläche möglich. Die Gesamtfläche des bewohnbaren Landes beträgt 51 Millionen Quadratkilometer. Aufgeteilt auf die 6,7 Milliarden Menschen ergibt das für jeden einzelnen eine Fläche von

7600 Quadratmetern. Vielen Menschen steht so viel Platz aber gar nicht zur Verfügung. So hat jeder der 35 000 Einwohner von Monaco im Schnitt nur 64 Quadratmeter für sich (das sind gerade einmal acht Meter mal acht Meter).

Welche Farbe haben die Streifen der Zebras?

Es gibt drei Zebra-Arten, und alle haben das typische, schwarz-weiß gestreifte Fell. Die Zahl der Streifen reicht von 26 auf jeder Seite beim Steppenzebra bis hin zu 80 Streifen pro Seite beim Grévyzebra. Aber sind die Zebras nun schwarz mit weißen Streifen oder weiß mit schwarzen Streifen? Diese Frage ist bei den zuständigen Wissenschaftlern, den Tierkundlern oder Zoologen, sehr umstritten.

Die Argumente für schwarze Tiere mit weißen Streifen sind wohl am überzeugendsten. So kommen immer wieder einmal Zebras zur Welt, die statt der Streifen Flecken haben. Da diese Flecken immer weiß auf schwarzem Untergrund sind, ist es logisch, dass es sich mit den Streifen genauso verhält.

Und es gibt noch mehr Argumente, die dafür sprechen. Wenn man sich an ein schlafendes Zebra heranschleichen und ihm sein gesamtes Fell abrasieren würde, dann käme seine schwarze bis dunkelbraune Haut zum Vorschein.

Aber es gibt auch gute Argumente für die andere Version: Die Haare eines Zebras sind deshalb schwarz, weil sie Zellen enthalten, die ein schwarzes Pigment namens Melanin hervorbringen. Wenn das kleine Zebra im Mutterleib heranwächst, produziert noch keine seiner Haarzellen dieses Pigment. Das Zebra ist völlig weiß. Die schwarzen Streifen bilden sich erst, wenn das Baby größer wird, sodass es sich also um schwarze Streifen auf weißem Untergrund handelt.

Welchen Argumenten man nun auch zuneigt – die Streifen bieten den Zebras auf jeden Fall einen guten Schutz vor hungrigen Löwen, denn im dichten hohen Gras sind sie damit nur schwer auszumachen.

Warum bleibt die Spinne nicht im eigenen Netz kleben?

Alle Spinnen weben Netze. Manche Netze sind groß, andere klein, manche sehen schön aufgeräumt aus, andere wirken völlig durcheinander. Und nicht alle Spinnennetze sind klebrig. Die Netze, bei denen das so ist, dienen als Falle für Insekten. Wenn eine Fliege sich im Netz verfängt, bleibt sie kleben, und die Spinne kann sie in Ruhe verspeisen. Warum nur kann sich die Spinne im

Netz bewegen, während die arme Fliege kleben bleibt? Spinnennetze bestehen aus einer Substanz namens Spinnenseide. Eine Spinne kann verschiedene Arten von Fäden aus Spinnenseide produzieren. Die Fäden, die die Spinne ausscheidet, um ihre Eier zu umwickeln, unterscheiden sich von denen, die sie dafür verwendet, um ein Netz zu spinnen. Manche Fäden sind klebrig, andere sind es nicht.

Das Netz, mit dem die Spinne Tiere fängt, webt sie in der Form eines Fahrradreifens. Sie beginnt mit einem einzelnen Faden aus Spinnenseide, den sie zwischen zwei Zweigen spannt. Dann folgt die „Außenhülle" des Fahrradreifens, die die Spinne kreisrund außen herum spinnt, mit einem Durchmesser, der dem Abstand zwischen den beiden Zweigen entspricht. Als Nächstes sind die „Speichen" an der Reihe, dann folgt eine locker geformte Spirale, die von der Mitte des Netzes bis zum äußeren Rand verläuft. Sie bildet den Hauptbestandteil des Netzes, aber keiner ihrer Fäden ist klebrig.

Danach webt die Spinne eine zweite Spirale in das Netz. Deren Fäden sind nun mit einer klebrigen Schicht bedeckt, an der später die Fliegen hängenbleiben. Wenn sie ihr Netz vollendet hat, weiß die Spinne ganz genau, welche der Fäden klebrig sind, und welche nicht. Deshalb läuft sie nur über die „Speichen", die „Außenhülle" und die Spirale, die nicht klebrig sind.

Warum ist der Himmel blau?

Das weiße Sonnenlicht ist eine elektromagnetische Strahlung. Es besteht aus den verschiedenen Farben, die man in einem Regenbogen sieht. Jede dieser Farben ist eine Lichtwelle mit einer bestimmten Wellenlänge. Rötliche Farben sind langwellig, Blautöne sind kurzwelliger.

Die Erdatmosphäre setzt sich zusammen aus Stickstoff und Sauerstoff. Wenn Lichtwellen die Atmosphäre durchlaufen, werden sie von den Stickstoff- und den Sauerstoffatomen abgelenkt – die rötlichen Lichtwellen am wenigsten, die bläulichen am meisten. Deshalb sind die meisten Lichtwellen, die das Auge erreichen, bläulich. Das Sonnenlicht erscheint einem deshalb gelblich, weil das Licht, das auf direktem Weg die Augen erreicht, durch die Streuung seine blaue Farbe zum Teil verloren hat. Wenn die Sonne untergeht, und ihr Licht einen größeren Weg durch die Erdatmosphäre zurücklegen muss, um das Auge des Menschen zu erreichen, wechselt sie ihre Farbe von Gelb über Orange nach Rot. Das geschieht deshalb, weil mehr kurzwelliges blaues und grünes Licht abgelenkt wird. Nur das langwellige rote Licht übersteht die Reise zum menschlichen Auge.

Der Himmel ist nicht ständig blau. Unterschiedliche Bedingungen beim Wetter und in der Atmosphäre können zu ganz unterschiedlichen Farben führen. Manchmal schimmert der Horizont hellrot. Teilchen von Staub, Wasser, Vulkanasche und Schmutzpartikel in der Luft tragen dazu bei, dass sich die Farbe des Himmels ändert. Je mehr Teilchen in der Luft sind, desto weniger kurzwelliges Licht gelangt an unser Auge, und desto röter erscheint uns der Himmel.

Wird man die Dinosaurier wieder zum Leben erwecken können?

Wäre es nicht toll, wenn sich jeder seinen Lieblings-Triceratops halten könnte, der dann durch den Garten stapft? Und wie viele Tüten er tragen könnte, wenn man vom Einkaufen kommt! Die Wissenschaftler haben inzwischen Schafe und Katzen geklont, warum sollte es nicht auch mit Dinosauriern klappen?

Dazu bräuchten sie zunächst einmal Dinosaurier-DNS. DNS (Desoxyribonukleinsäure) ist die Information, die in allen Tierzellen (und auch denen des Menschen) vorhanden ist und die Vorlage dafür bildet, wie das Tier einmal aussehen wird, wenn es ausgewachsen ist. Doch wo soll man die DNS eines ausgestorbenen Lebewesens hernehmen?

Der Idealfall sähe so aus: Vor vielen Millionen Jahren gerät eine Mücke, die zum Frühstück gerade Dinosaurierblut getrunken hat, in ein klebriges Baumharz und stirbt. Dieses Harz ähnelt ein bisschen dem aus Naturstoffen hergestellten Plastik. Es wirkt aber viel besser, denn es konserviert die Mücke über all die Jahre. Wenn dieses Harz zu Bernstein versteinert, kann aus der

Mücke ein Fossil werden. Einmal vorausgesetzt, dass nun Wissenschaftler den Bernstein mit der Mücke finden und es schaffen, aus dem Blut in der Mücke die DNS des Dinosauriers zu gewinnen – es bleibt die Frage, ob sie auch in der Lage wären, mittels der DNS den Dinosaurier wieder zum Leben zu erwecken.

Das größte Problem wird sein, dass während der langen Zeitspanne seit dem Einschluss die DNS begonnen hat, sich zu zersetzen, so wie es auch Milch im Kühlschrank tut. Teile der DNS gehen verloren oder werden beschädigt – und man braucht nun einmal die kompletten Informationen, um den Dinosaurier wiederherzustellen!

Die DNS des Menschen entspricht zu 70 Prozent der DNS von Schlangen. Daran sieht man, wie wichtig es ist, wirklich die gesamte DNS zu besitzen. Und du wärst sicherlich enttäuscht, wenn statt der erwarteten Velociraptor-Herde eine Streichholzschachtel voll Ohrwürmern auftauchen würde!

Dazu kommt, dass sich mit der Zeit die DNS der Mücke mit der DNS des Dinosauriers mischen wird. Vielleicht entsteht so ein gewaltiger Mückensaurier. Viel wahrscheinlicher ist es aber, dass das Ergebnis dieses Prozesses ein großer, grüner, klebriger Klumpen sein wird.

Und noch eine schlechte Nachricht: Selbst wenn die Wissenschaftler es schaffen würden, die komplette Dino-DNS zu gewinnen, müssten sie daraus Chromosomen herstellen und mit diesen dann ein Ei befruchten, ein lebendes Ei, ... ein lebendes Dinosauriererei! Das wäre dann wohl eine unlösbare Aufgabe. Übrigens, warum sollten die Wissenschaftler sich daran machen, einen Dino zu klonen, wenn sie schon ein lebendes Dino-Ei zur Verfügung hätten?

Warum fühle ich mich müde, wenn ich gerade aufgewacht bin?

Es klingt logisch: Wer den ganzen Tag auf war, ist müde, wer gerade aufwacht, fühlt sich frisch. Doch so einfach ist es nicht.

Dein Körper hat eine „innere Uhr", die dir ein Gefühl für die Uhrzeit gibt. Es ist dir bestimmt schon mal passiert, dass du knapp vor dem Klingeln des Weckers aufwachst: Genau das bewirkt deine innere Uhr. Nur hin und wieder funktioniert sie nicht zuverlässig ...

So hat man Studien mit Babys und Kleinkindern angestellt, die ergeben haben, dass diese Kinder umso müder werden, je länger sie auf sind. Was ja auch zu erwarten ist. Bei Kindern zwischen zehn und zwölf Jahren gab es aber folgendes Ergebnis: Viele dieser Kinder sind nach einer Wachphase von zehn Stunden weniger müde als nach fünf Stunden. Und das gilt sogar, wenn sie 14 Stunden auf waren.

Im menschlichen Körper werden Hormone freigesetzt, die uns müde machen, wenn die Ruhephase ansteht. Bei Kindern im Alter von zehn Jahren und auch bei

Jugendlichen scheint die innere Uhr für diesen Vorgang jedoch auf später am Abend verstellt zu sein. Deshalb fühlen sich Jugendliche zwischen 21 und 22 Uhr oft putzmunter, zu einem Zeitpunkt, an dem sie eigentlich müde werden sollten. Wenn sie dann älter werden, scheint sich ihre innere Uhr wieder zurückzustellen.

Für Jugendliche ist es also ganz normal, sich nach dem Aufwachen müde zu fühlen, dann am Nachmittag noch eine müde Phase zu haben, um zum späteren Abend hin wieder durchzustarten. Deshalb sind manche Schlafforscher der Ansicht, dass ein normaler Schultag, der frühmorgens beginnt und sich bis in den Nachmittag hinzieht, für Menschen dieses Alters völlig falsch ist.

Wer als Jugendlicher erst um Mitternacht schlafen kann, und dann morgens um sieben wieder raus muss, der ist einfach müde und kann sich nicht konzentrieren. Auch das Gedächtnis und die Kreativität leiden unter diesem Zustand. Neueste Untersuchungen legen deshalb einen späteren Schulbeginn für diese Altersgruppe nahe.

Was kannst du tun, wenn du Schwierigkeiten mit dem rechtzeitigen Einschlafen hast? Experten schlagen vor, dass man das Licht herunterdreht, da das helfen kann, sich nicht mehr so „aufgedreht" zu fühlen. Genauso kann helles Tageslicht beim Wachwerden helfen. Du solltest aber nicht versuchen, am Wochenende unbedingt Schlaf nachzuholen. Am besten ist, du stehst höchstens eine oder zwei Stunden später auf als in der Woche, sonst kommt deine innere Uhr durcheinander. Dein Schlafzimmer sollte kühl, dunkel und ruhig sein. Direkt vor dem Schlafengehen solltest du weder fernsehen noch im Internet surfen oder laute Musik hören. Dafür tut dir Bewegung gut, und das vor allem früh am Tag.

Eltern sind oft regelrecht schockiert, wenn aus ihren lebhaften Kindern, die im Morgengrauen voller Energie aus dem Bett gesprungen sind, Jugendliche werden, die nicht aus den Federn finden, den ganzen Tag am Gähnen sind, um dafür spät am Abend noch mal raus zu wollen. Ihr könnt ihnen jetzt erklären, dass es nicht eure Schuld ist!

Was passiert, wenn ich ausschließlich von Cola lebe?

Das Positive vorweg: Wer so was plant, findet in dem Getränk zwei Dinge, die sein Körper zum Überleben braucht – Energie und Wasser. Deshalb bereiten in den ersten Wochen des Versuchs, nur von Cola zu leben, klebrige Zähne und schlechter Atem die größten Probleme.

Die schlechte Nachricht lautet: Cola enthält außer Energie und Wasser nichts, was man fürs Überleben braucht. Weder die für den Körper lebenswichtigen Vitamine noch die Minerale, die er braucht. Wer einen Monat lang nur von Cola gelebt hat, dem beginnen die Haare auszufallen, die Nägel brechen ab, die Haut wird schuppig und beginnt

sich zu schälen. Der Mangel an Ballaststoffen, die einem bei der Verdauung helfen, führt dazu, dass man sich stundenlang ohne Erfolg auf der Toilette quält.

Setzt man diesen Versuch noch länger fort, führt der Mangel an lebenswichtigen Proteinen dazu, dass das Gehirn nicht mehr fehlerfrei funktioniert. Das Körperwachstum kommt zum Stillstand, und die Muskeln werden abgebaut. Dafür hat man durch den Zucker in der Cola inzwischen einen ziemlich dicken Bauch bekommen.

Wer nun mit all diesen Problemen zurechtkommt, der wird recht lange ausschließlich von Cola leben können. Letztlich aber wird man depressiv, erblindet, fällt ins Koma und stirbt schließlich an Vitaminmangel.

Übrigens: Hast du einmal einen Milchzahn in ein Glas Cola gelegt und dann geschaut, was passiert? Mach das bitte nicht mit Omas dritten Zähnen! Mit der Zeit werden die sich nämlich komplett in Cola auflösen.

Mag noch jemand eine Cola?

Wie hoch kann ein Elefant springen?

Können Elefanten denn überhaupt springen? Dagegen spricht, dass Elefanten ja gar nicht springen müssen. Sie haben keine natürlichen Feinde, also brauchen sie auch vor niemandem die Flucht zu ergreifen (außer vor Wilderern, die ihre Schneidezähne rauben wollen). Deshalb gibt es für sie keine Notwendigkeit, schnell zu laufen und zu springen.

Ausgewachsene Elefanten sind unglaublich stark. Sie können jeden Gegner überwältigen und müssen deshalb nicht an Flucht denken. Da sie aber auch unglaublich schwer sind (ein erwachsener Afrikanischer Elefant wiegt über sechs Tonnen), gehen Wissenschaftler davon aus, dass sie einfach zu viel Gewicht haben, um abzuheben.

Um zu springen, muss ein Elefant zur gleichen Zeit mit allen vier Füßen vom Boden abheben. Er müsste die Knie beugen und sich ganz schnell wieder aufrichten, wenn er aus dem Stand abheben wollte. Die Muskeln und Knochen in seinen Beinen sind dafür aber gar nicht geeignet. Sie sind vielmehr so konstruiert, dass er sehr fest und unerschütterlich stehen bleiben kann. Und auch beim Gehen schwankt der Elefant von der einen Seite zur anderen, nur um seine Beine nicht zu sehr bewegen zu müssen.

Und wie soll ein Elefant dann einen Sprung mit Anlauf hinbekommen? Eine Studie der Stanford Universität in Kalifornien, USA, hat herausgefunden, was man vorher einfach nicht glauben wollte: Elefanten laufen tatsächlich. Die Forscher konnten belegen, dass bei Elefanten, die sich schnell bewegen (sie erreichen eine Höchstgeschwindigkeit von bis zu 25 km/h), die Masse ihres Körpers auf- und abschwingt. Dieses Schwingen werteten sie als Laufen, nicht als Gehen. Allerdings waren die Elefanten dabei zu keinem Moment mit allen vier Füßen in der Luft.

Und wie wäre es mit folgender Überlegung: Elefanten springen nur dann in die Luft, wenn sie sich ganz unbeobachtet fühlen?

Warum geht es mir besser, wenn ich Medizin geschluckt habe?

Unser Körper ist ein unglaublich komplizierter biologischer Mechanismus – so kompliziert, dass einige der erstaunlichen Dinge, die er leistet, von Wissenschaftlern bis heute nicht vollständig erklärt werden können.

Unser Körper arbeitet ein wenig wie eine kleine Fabrik – indem er Material wie Nahrung, Wasser und Sauerstoff aufnimmt und daraus die Stoffe herstellt, die er braucht, um gut zu funktionieren. Die unterschiedlichen Organe in unserem Körper stellen die verschiedensten Stoffe für ganz unterschiedliche Zwecke her.

Wenn eines der Organe aufgrund einer Erkrankung nicht mehr richtig funktioniert, wird man krank. Dann produziert das Organ zu wenig von einem Stoff oder auch zuviel, oder es schickt diesen Stoff an eine ganz falsche Stelle im Körper. So gibt es Menschen, die an der sogenannten Diabetes leiden. Ihr Körper schafft es nicht mehr, in ausreichender Menge die Substanz Insulin zu produzieren, die den Zuckergehalt im Blut reguliert. Ein Mangel an Insulin kann zu verschiedenen Krankheitssymptomen führen, wie zum Beispiel zu Erschöpfung und zu starkem Durst.

Die Wissenschaftler haben Schritt für Schritt immer genauer herausgefunden, wie die einzelnen Organe funktionieren, welche Stoffe sie produzieren und wohin im Körper sie diese senden. Gleichzeitig ist es ihnen gelungen, viele dieser Stoffe künstlich im Labor herzustellen.

Wenn unser Körper nun eine solche Substanz braucht, kann man sie ihm durch Spritzen zuführen, aber auch durch Tabletten, die man schluckt. Diese lösen sich im Magen auf, die in ihnen enthaltene Substanz (oder Medizin) gelangt über die Leber ins Blut. So fließt sie durch den Körper bis an die Stelle, an der sie benötigt wird. Dort tut sie dann ihre Arbeit, ganz so, als ob unser Körper sie selbst produziert hätte. Im besten Fall löst sie das (Krankheits)Problem, und wir werden wieder gesund. Eine Medizin kann auch verabreicht werden, um das Gegenteil zu erreichen: Wenn sie nämlich unserem Körper hilft, die Überproduktion einer bestimmten Substanz wieder auf ein Normalmaß zurückzufahren.

Eine Medizin „heilt" selten eine Krankheit. Vielmehr ersetzt oder ändert sie eine Funktion des Körpers und tut damit etwas, was der Körper im Normalfall selber machen würde. Wenn der Körper dann wieder normal funktioniert, sagt der Arzt, dass man die Medizin absetzen kann. Wenn es noch nicht so weit ist, muss man die Medizin so lange weiter einnehmen, bis der Körper wieder richtig funktioniert.

Gibt es ein Leben auf fremden Planeten?

Es gibt bis heute keine Beweise für ein Leben auf fremden Planeten. Aber niemand weiß genau, ob nicht doch irgendwo im Universum intelligente Lebewesen wohnen. Bisher aber können Wissenschaftler nicht einmal belegen, ob es irgendwo im All einfachere Lebensformen gibt wie Käfer oder Bakterien.

Immer wieder gab es in den letzten Jahrzehnten Meldungen von außerirdischen Wesen oder fliegenden Untertassen. Manche behaupteten sogar, sie seien an

Bord eines Raumschiffs aus dem All gewesen, ja sogar auf einem fremden Planeten. Aber niemals gab es für all das irgendeinen ernstzunehmenden Beleg.

Die Zahl der chemischen Verbindungen, die unsere Erde ausmachen, das Volumen der Erde, ihre Dichte und ihr Abstand zur Sonne, ihre Atmosphäre, die verschiedenen Klimazonen und all die anderen Faktoren zusammen machen sie zu einem idealen Ort für all die unterschiedlichen Lebensformen, die hier existieren. Es scheint kaum wahrscheinlich, dass es irgendwo einen Planeten gibt, der auf die gleiche Weise all diese Voraussetzungen für ein entwickeltes Leben bietet.

Wissenschaftler haben unermüdlich die Regionen in unserer Milchstraße erforscht, in denen es am ehesten Leben geben könnte – also den Planeten Mars und einige der Monde des Saturn und des Jupiter –, aber was sie gefunden haben, war nicht ermutigend.
Und seit über 40 Jahren sendet man Funksignale aus in die Tiefe des Weltraums – niemand hat bisher geantwortet.

All das bedeutet nicht, dass es anderswo kein Leben geben kann. Der Weltraum beherbergt Abermilliarden an Sternen und Planeten – warum sollte es unter ihnen nicht auch ein Sonnensystem wie das unsere geben? Manche Forscher schließen aus der schieren Größe des Weltraums darauf, dass es irgendwo in irgendeiner Form entwickeltes Leben geben muss.

Und die Suche geht weiter. Vielleicht lässt sich in einigen Jahren mit neuartigen Teleskopen der Nachweis erbringen, dass auf bestimmten Planeten in benachbarten Milchstraßen chemische Verbindungen vorhanden sind. So wird man das Sternensystem Alpha Centauri erforschen. Es ist das Sternensystem, das der Erde am nächsten liegt, mit einer Entfernung von „nur" 4,3 Lichtjahren. Ein Lichtjahr bedeutet eine Entfernung von 9,5 Billionen Kilometern ($9,5 \times 10^{12}$ km).

An die Stelle der Funksignale, die bisher noch ausgesendet werden, um mit intelligenten Außerirdischen in Kontakt zu treten, könnten Laserimpulse treten, die sich genauer durch das All steuern lassen.

Gegen einen Besuch von Außerirdischen sprechen die riesigen Entfernungen, die dabei zu überwinden sind. Jedes Raumschiff wäre auf dem Weg zu uns viele Jahre unterwegs. Selbst wenn es von unserem „Nachbarn" Alpha Centauri käme und mit Lichtgeschwindigkeit unterwegs wäre, bräuchte es für diese Strecke 4,3 Jahre. Die Ingenieure sind bisher auch nicht annähernd in der Lage, ein Raumfahrzeug herzustellen, das so schnell ist. Dazu kommen die Zweifel, ob man überhaupt schneller als das Licht unterwegs sein kann.

Die Außerirdischen, die uns besuchen werden, müssen uns Menschen derart überlegen sein, was Forschung und technische Entwicklung angeht, dass man Zweifel haben darf, ob wir wirklich bald Besuch bekommen.

Wer kann besser Auto fahren – Männer oder Frauen?

Falls sich deine Mutter oder dein Vater demnächst einmal wieder zu diesem Thema äußern sollte, hier sind die Fakten:

Durch Studien wurde nachgewiesen, dass junge Männer bis zum Alter von 25 Jahren mehr Unfälle bauen als gleichaltrige junge Frauen. Junge Männer fahren besonders schnell und riskant, deshalb kracht es bei ihnen häufiger als bei jeder anderen Gruppe.

Außerdem hat man festgestellt, dass Frauen über 25 häufiger kleinere Unfälle verursachen, wie einen Blechschaden beim Einparken. Männer über 25 haben weniger Unfälle. Sie sind aber in die schweren Unfälle verwickelt. Und ihnen passiert es häufiger, dass sie Gegenstände und auch Fußgänger rammen.

Experten analysieren diese Ergebnisse übereinstimmend so, dass Frauen häufiger zum Einkaufen unterwegs sind und sich deshalb mehr in Parkhäusern aufhalten. Dafür fahren die Männer mehr Autobahnkilometer bei hoher Geschwindigkeit.

Eine weitere Erklärung kann darin liegen, dass das Gehirn einer Frau ein wenig anders arbeitet als das eines Mannes. Das liegt zum Teil an der Ausschüttung bestimmter Hormone; bei den Frauen sind es die Östrogene, bei den Männern ist es das Testosteron.

So wurde nachgewiesen, dass Östrogen die Fähigkeit des Gehirns fördert, schnell seine Aufmerksamkeit von einer Sache zur anderen zu wechseln. Theoretisch müssten Frauen also besser auf plötzliche Änderungen im Verkehrsgeschehen reagieren können und so weniger Unfälle verursachen.

Testosteron hat den Effekt, dass es die Fähigkeit des Gehirns positiv beeinflusst, Leerräume richtig einzuschätzen. Das hilft bei der Beurteilung von Abständen und der Größe von Gegenständen, sodass Männer theoretisch beim Kartenlesen und beim Einparken im Vorteil sind.

Aber Vorsicht: Das sind vertrauliche Informationen. Wer die bei laufendem Motor den Eltern mitteilt, riskiert einen Unfall!

Wer ist der Weltmeister im Stinken?

Wenn es um schlechten Geruch geht, hat jeder seine eigenen „Favoriten" – und wenn es das Zimmer des kleinen Bruders ist. Das Ganze hat etwas sehr Subjektives, und doch werden die meisten Menschen folgende Sachen auf die Hitliste der schlechten Gerüche setzen: Kot, Pupser, Erbrochenes, Schweißfüße, Mundgeruch, faule Eier und verdorbenes Fleisch.

Um den übelsten Geruch der Welt zu küren, muss man nach etwas suchen, das schlecht riecht, und das besonders intensiv! Dafür ist es notwendig, dass man sich mit der chemischen Beschaffenheit von Gestank auskennt. Es gibt einige chemische Substanzen, die uns in trauter Regelmäßigkeit einen üblen Gestank bescheren. Ein Favorit ist Schwefelwasserstoff (dessen Geruch dem von faulen Eiern ähnelt), ein anderer ist (Butan-) Buttersäure, die intensiv an Schweißfüße oder Erbrochenes erinnert.

All diese Substanzen riechen im Labor sehr viel schlimmer als in der Natur. Die kleinste Duftwolke einer so konzentrierten Dosis würde einem augenblicklich das

Mittagessen wieder hochkommen lassen. Für den Geruch von verdorbenem Fleisch sind die Stoffe Cadaverin und Putrescin verantwortlich (sogenannte biogene, also natürlich entstandene Amine). Das Gas Methylmercaptan entsteht bei der Verdauung von Gemüse und verleiht Pupsern und schlechtem Atem den typischen Geruch. Die Pflanze Titanenwurz, die man unter anderem in den Botanischen Gärten von Bonn findet, verströmt einen Verwesungsgeruch.

Aber die Mutter / der Vater aller schlechten Gerüche ist die Verbindung Butyl-Selenomercaptan. Sie gibt dem Sekret, das das Stinktier absondert, seinen unverwechselbar üblen Gestank, den man nicht wieder los wird: Manche Leute, die dieses Sekret in der Kleidung hatten, haben sie dann einfach verbrannt.

Butyl-Selenomercaptan und seine ihm nah verwandten Stoffe Ethylmercaptan und Methylmercaptan haben einen so üblen Geruch, dass überlegt wurde, sie als Reizgas gegen Krawallmacher einzusetzen oder auch für militärische „Stinkbomben“ zu verwenden. Ihr Gestank ist so intensiv, dass er selbst bei einer Verdünnung von zwei Teilen auf eine Million noch wahrnehmbar ist. Deshalb setzt man kleinste Mengen dem geruchslosen Erdgas zu, damit Leitungslecks gleich entdeckt werden können. Sein Geruch erinnert an eine Kombination aus verdorbenem Kraut, Knoblauch, Zwiebeln, verbranntem Toastbrot und den Gasen aus der Kanalisation.

Von welchem Nahrungsmittel könnte ich mich ausschließlich ernähren?

Der menschliche Körper braucht zum Überleben eine breite Auswahl an Proteinen, Vitaminen, Mineralien und Fetten. Deshalb empfehlen Ernährungswissenschaftler eine ausgewogene Ernährung, damit man alle wichtigen Stoffe zu sich nimmt. So gibt es sicherlich nicht das eine Nahrungsmittel, von dem man sich ausschließlich ernähren könnte. Aber welches kommt ihm am nächsten?

Verschiedene Früchte wie Pflaumen, Blaubeeren und Granatäpfel haben sich für Menschen als besonders gute Nahrung erwiesen. Sie enthalten große Mengen an Vitaminen und Ballaststoffen sowie an Antioxidantien. Das sind Substanzen, die die Körperzellen vor Beschädigung schützen.

Die Açaí, eine Palmfrucht aus dem Amazonasregenwald, gilt als eine der nahrhaftesten Früchte der Welt. Sie enthält eine beeindruckende Menge an lebenswichtigen Vitaminen und Mineralien, Proteinen und Ballaststoffen und ist auch reich an Amino- und Fettsäuren. Amino- und Fettsäuren verlangsamen die Alterung des

Körpers und werden sogar zur Krebsbehandlung eingesetzt. Und das Schöne ist: Die gesunde Açaí-Frucht schmeckt toll, nach Kirschen und Schokolade. Wer eher glibberige Pflanzen bevorzugt, der sollte sich für Seetang entscheiden. Er ist reich an Vitaminen und Mineralien und enthält mehr Proteine als Fleisch und mehr Kalzium als Milch. Dem Seetang wird auch heilende Wirkung zugeschrieben, außerdem ist er gut für das Haar und für eine gesunde Haut. Er soll niedrigen Blutdruck bewirken und die Körperabwehrkräfte stärken. Und man hat herausgefunden, dass Seetang positiv wirkt bei Belastungen mit Schadstoffen und Strahlung.

In Japan, wo besonders viel Seetang verzehrt wird, werden die Menschen sehr alt und leiden seltener an Herzerkrankungen. Der Nachteil des Seetangs liegt in seiner geringen Kalorienmenge, sodass man sehr viel von ihm verzehren muss, damit dem Körper ausreichend Energie zugeführt wird.

Stärkehaltiges Wurzelgemüse wie die Süßkartoffel, die Maca-Pflanze aus Peru oder die ursprünglich aus Japan stammende Kudzu-Pflanze ist ein sehr vielseitiges Nahrungsmittel. Die Kudzu enthält zum Beispiel pro Gramm mehr Kalorien als Honig, und die Energie, die man sich durch diese Pflanze zuführt, hält länger vor. Außerdem enthält sie eine Reihe wichtiger Vitamine und Mineralien und wird bei verschiedenen Beschwerden und Krankheiten verabreicht, von Kopfschmerzen bis hin zu Windpocken.

Man könnte nun bestimmt eine ganze Zeit lang ausschließlich von einem dieser Nahrungsmittel leben, da sie allesamt viele wichtige Substanzen enthalten. Auf die Dauer wird das aber schiefgehen. Denn mal wird hier ein Vitamin fehlen und dort ein Protein, mit den entsprechenden negativen Auswirkungen auf den Körper. Also bleibt festzuhalten, dass es kein natürliches Nahrungsmittel gibt, von dem man ausschließlich leben könnte.

Wirklich keines ...?

Bienenpollen sind wohl das natürliche Nahrungsmittel, das nahezu perfekt ist. Die Pollen sind der feine Staub, den Blumen hervorbringen, um den Samen zu befruchten, aus dem wieder eine neue Blume entsteht. Die Bienen sammeln den Blütenstaub in den Blüten ein. Sie mischen ihn mit ihrem Speichel und dem Nektar (einer süßen Flüssigkeit, die ebenfalls von den Blütenpflanzen produziert wird), sodass daraus Honig entsteht. Forscher haben die Tauglichkeit von Pollen als Medizin und als Nahrungsergänzungsmittel untersucht. Sportler nutzen Pollen zur Energiezufuhr. Es gibt über 5000 Jahre alte Aufzeichnungen, die die Nahrhaftigkeit und die heilenden Eigenschaften der Pollen loben. Manche Experten gehen davon aus, dass sie alle Nährstoffe enthalten, die für den Menschen lebenswichtig sind.

So haben sich einige Ernährungswissenschaftler darauf festgelegt, dass man theoretisch sehr gesund ausschließlich von Pollen und Wasser leben kann. Die einzigen Risiken, die sie sehen, liegen in einer möglichen allergischen Reaktion (Pollen können Heuschnupfen hervorrufen), in der Schwierigkeit, ausreichende Mengen zu sammeln (was derzeit nur in Bienenstöcken geschieht), und in der Tatsache, dass die Hülle um jedes Pollenkorn so fest ist, dass sie ihren Inhalt über Jahrmillionen schützen kann. Dadurch wird es sehr teuer, den Pollen so zu bearbeiten, dass man ihn essen kann.

Welches ist das gefährlichste Tier der Welt?

Stechmücken töten Jahr für Jahr mehr Menschen als jedes andere Tier, denn sie verbreiten Malaria und andere tödliche Krankheiten. Nach Schätzungen liegt die Zahl der Menschen, die jährlich an der von Moskitos übertragenen Malaria sterben, bei über 2,5 Millionen – durch kein anderes Tier kommen mehr Menschen zu Tode. Selbst durch Waffen und Kriege finden weniger Menschen den Tod.

Es fällt schwer, einzelne Tierarten miteinander unter dem Aspekt zu vergleichen, wie todbringend sie sind. Die Umgebung spielt sicher eine große Rolle: Wenn ein Weißer Hai mit einem Bengalischen Tiger kämpfen

würde, wäre es natürlich von entscheidender Bedeutung, ob dieser Kampf im Pazifischen Ozean oder in den dichten Wäldern Ostindiens stattfindet.

Haie und Tiger sind gewiss gefährliche Tiere, aber nicht jedes todbringende Tier hat ein riesiges Maul mit rasiermesserscharfen Zähnen. Ein Tier, das hinterhältig Gift einsetzt, kann ein anderes töten, auch wenn das viel größer ist. Mehr als 50 000 Menschen sterben jährlich an giftigen Schlangenbissen. Hier liegt die Mittelasiatische Kobra an der Spitze der Rangliste.

Die Auszeichnung für das Tier mit dem stärksten Gift geht wohl an den Schrecklichen Pfeilgiftfrosch. Über Jahrtausende haben die Ureinwohner in seiner Heimat, dem südamerikanischen Regenwald, sein Gift auf die Spitzen ihrer Pfeile gestrichen, um zu jagen und in den Krieg zu ziehen. Schon zwei Mikrogramm dieses Gifts können einen Menschen töten. Nur zum Vergleich: Der Punkt am Ende dieses Satzes enthält sechs Mikrogramm Farbe.

Ein weiterer Anwärter auf die Auszeichnung ist die Australische Seewespe, eine Würfelqualle. Ihr Körper ist nur halb so groß wie ein Salatblatt, dafür werden ihre Tentakel (Tastarme) bis zu 4,5 Meter lang. In ihnen befinden sich pro Arm bis zu 5000 Nesselzellen, über die das Gift in den Körper der Opfer gelangt. Eine einzige Seewespe kann 60 Menschen töten. Liegt es daran, dass die Australier so gute Schwimmer sind?

Was ist lustig?

Menschen haben einen ganz unterschiedlichen Humor, mal muss der eine lachen, mal der andere. Das lässt sich auch auf ganze Völker und Kulturen übertragen: Ein toller Witz aus dem Heimatland kann anderswo einfach nur peinlich sein. Nach der neuesten Studie lieben Briten, Iren, Australier und Neuseeländer Witze mit Wortspielen, Amerikaner und Kanadier lachen eher über Geschichten, in denen sich jemand besonders dämlich anstellt. Am meisten über Witze lachen die Deutschen (wenn man diesen Untersuchungen glauben kann); am seltensten erzählen die Japaner einen Witz.

Auch wenn sich Humor im wahrsten Sinne schlecht übertragen oder übersetzen lässt, so scheinen doch drei Dinge die Menschen besonders zu belustigen. Zum einen, wenn sie sich überlegen oder gebauchpinselt fühlen, zum zweiten, wenn sie entspannen und ihren Alltagsstress vergessen können, und drittens, wenn der Witz eine überraschende, auch sinnfreie Wendung nimmt.

Wenn jemand auf eine Bananenschale tritt und hinfällt, ohne sich dabei zu verletzen, fühlt man sich einerseits erleichtert, weil nichts Schlimmes passiert ist, andererseits ein wenig überlegen, weil einem selbst ein solcher Patzer nicht passiert ist. Die wissenschaftliche Studie hatte unter anderem zum Ziel, den lustigsten Witz der Welt zu ermitteln. Es gab Tausende Vorschläge, und Menschen weltweit konnten über ihre Favoriten abstimmen. Gewonnen hat folgende Geschichte: Zwei Jäger gehen durch einen Wald. Plötzlich fällt der eine zu Boden. Er scheint nicht mehr zu atmen und verdreht die Augen. Der andere Jäger nimmt sein Handy und ruft die Rettungszentrale an. „Mein Freund ist tot umgefallen! Was soll ich nur tun?“, keucht er ins Telefon. „Bleiben Sie ganz ruhig. Ich werde Ihnen helfen.

Stellen Sie erst einmal sicher, dass er auch wirklich tot ist!", sagt eine ruhige Stimme am anderen Ende. Dann folgt eine lange Stille, plötzlich knallt ein Schuss. Wenig später hört man wieder die Stimme des Jägers: „Alles klar! Und was soll ich jetzt machen?"

Die Wissenschaftler haben festgestellt, dass die Pointe dieses Witzes alle drei wichtigen Elemente enthält: das Überlegenheitsgefühl gegenüber dem dämlichen Jäger, das beruhigende Element und die überraschende Wendung.

Vielleicht ist es ja nicht der lustigste Witz, den du je gehört hast, aber es ist der, den die meisten Menschen weltweit am lustigsten fanden – jedenfalls unter denen, die ihnen zur Auswahl gestanden haben. Also trägt er seinen Titel doch zurecht!

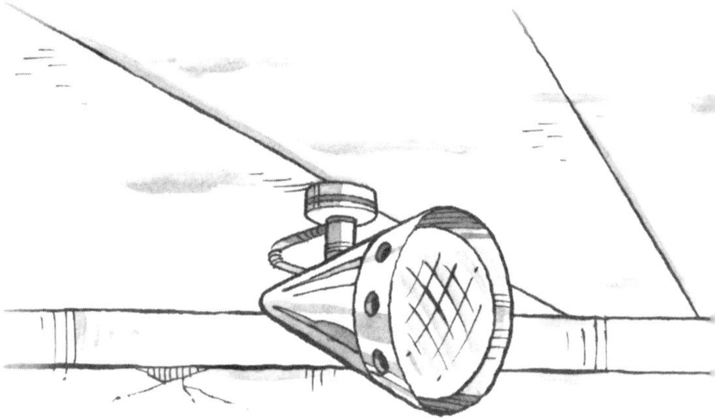

Warum können Fliegen kopfüber an der Decke laufen?

Eine Voraussetzung für dieses Kunststück liegt darin, dass Fliegen nicht sehr viel wiegen. Deshalb wirkt die Erdanziehungskraft auf sie nicht so stark wie zum Beispiel auf Menschen. Und Fliegen haben außerdem einige eindrucksvolle Werkzeuge, mit denen sie kopfüber an der Decke haften können.

Jedes Fliegenbein hat zwei kleine Plättchen, die mit winzigen Haaren, den sogenannten „Setae", bedeckt sind. Die Setae sind gekrümmt, an ihren Enden abgerundet und wirken ein wenig wie Saugnäpfe, mit denen die Fliege sich an die Decke klammert.

Das Fliegenbein produziert ein flüssiges Gemisch aus Zucker und Öl, das gerade so sehr klebt, dass die Fliege haften bleibt, dann aber weiterlaufen kann.

Jedes Bein hat zusätzlich ein Paar winzige Krallen. Mit denen macht die Fliege mikroskopisch kleine Kratzer in die Oberfläche der Decke. Und die Krallen helfen der Fliege dabei, die Füße zu drehen und wieder von der Decke zu lösen.

Eine Fliege berührt im Normalfall mit vier ihrer sechs Beine die Decke. Dadurch ist sie zwar nicht sehr schnell, sie haftet aber stets zu zwei Dritteln an der Decke und stürzt deshalb nicht ab.

Wenn sie nicht kopfüber laufen müssen, rennen die Fliegen viel schneller, aber am schnellsten ist es für die Fliegen ... zu fliegen ...

Welches ist das älteste Tier der Welt?

Ein Hauptproblem bei der Antwort auf diese Frage liegt darin, dass Wissenschaftler sich oft schwer damit tun, das Alter eines Tieres wirklich genau festzustellen. Da hilft es natürlich, wenn ein Tier sein ganzes Leben lang unter Beobachtung war.

Als der älteste Schimpanse weltweit gilt Cheeta aus den Tarzanfilmen der 1930er-Jahre. Cheeta feierte kürzlich seinen 75. Geburtstag. Wahrscheinlich leben im Dschungel von Borneo ältere Schimpansen, nur weiß es niemand mit Sicherheit.

Ältester Vogel der Welt könnte der Papagei sein, der Winston Churchill gehörte (Churchill war unter anderem im Zweiten Weltkrieg Premierminister von Großbritannien). Dieser Hyazinthara namens Charlie ist nach Auskunft seines jetzigen Besitzers inzwischen über 100 Jahre alt. Ab 1964 lebte Charlie in einer Zoofachhandlung, wurde dann aber „verbannt“, weil er durch sein Geschrei die Kunden verschreckte.

Für ihr langes Leben sind auch die Galapagos-Riesenschildkröten berühmt. Eine von ihnen hieß Harriet und starb im Jahr 2006 im Zoo von Queensland, Australien – im reifen Alter von 176 Jahren. Wenige Monate zuvor war eine andere Riesenschildkröte mit Namen Adwaita im Zoo von Alipore, Indien, gestorben. Sie soll 250 Jahre alt gewesen sein, wofür es allerdings keinen Beleg gibt.

Der Ozean ist ein guter Ort für jemanden, der besonders alt werden will. Elefantenrüsselmuscheln erreichen ein Alter von über 146 Jahren. Die älteste jemals aufgefundene Elefantenrüsselmuschel hatte sogar 160 Jahre auf dem Buckel! Wenn man die

Ringe auf der Muschelschale zählt, kann man herausbekommen, wie alt die Tiere sind. Um wirklich alt zu werden, dürfen diese Tiere nur nicht den Menschen in die Hände geraten, denn dann landen sie auf dem Herd!

Grönlandwale leben seit Jahrhunderten in den Gewässern vor der Küste Alaskas. Im Jahr 2007 wurde ein Tier gefangen, in dessen Speckschicht das Bruchstück einer Waffe steckte. Es ist dort wahrscheinlich bei dem missglückten Angriff eines Jägers steckengeblieben. Das Teil wurde datiert auf die 1890er-Jahre, sodass der Wal 115 bis 130 Jahre alt gewesen sein muss.

Der „Opa der Weltmeere“ ist nach allgemeiner Meinung ein Bartwurm mit wissenschaftlichem Namen „Lamellibrachia Luymesi“. Er lebt am Boden der Ozeane und sieht aus wie ein riesiger Lippenstift. Meeresbiologen können aus der Körperform und der Wachstumsgeschwindigkeit dieser Tiere auf ihr Alter schließen. Danach werden sie bis zu 250 Jahre alt – und haben gute Chancen auf unseren Titel „Ältestes Tier der Welt“!